海上絲綢之路基本文獻叢書

海運摘鈔（上）

〔明〕佚名 撰

文物出版社

圖書在版編目（CIP）數據

海運摘鈔．上 /（明）佚名撰．-- 北京 : 文物出版社，2022.7
（海上絲綢之路基本文獻叢書）
ISBN 978-7-5010-7572-0

Ⅰ．①海… Ⅱ．①佚… Ⅲ．①財政－經濟史－中國－明代 Ⅳ．① F812.948

中國版本圖書館 CIP 數據核字（2022）第 086626 號

海上絲綢之路基本文獻叢書
海運摘鈔（上）

撰　　者：〔明〕佚名
策　　劃：盛世博閱（北京）文化有限責任公司

封面設計：鞏榮彪
責任編輯：劉永海
責任印製：蘇　林

出版發行：文物出版社
社　　址：北京市東城區東直門内北小街 2 號樓
郵　　編：100007
網　　址：http://www.wenwu.com
經　　銷：新華書店
印　　刷：北京旺都印務有限公司
開　　本：787mm×1092mm　1/16
印　　張：14.5
版　　次：2022 年 7 月第 1 版
印　　次：2022 年 7 月第 1 次印刷
書　　號：ISBN 978-7-5010-7572-0
定　　價：98.00 圓

總緒

海上絲綢之路，一般意義上是指從秦漢至鴉片戰争前中國與世界進行政治、經濟、文化交流的海上通道，主要分爲經由黄海、東海的海路最終抵達日本列島及朝鮮半島的東海航綫和以徐聞、合浦、廣州、泉州爲起點通往東南亞及印度洋地區的南海航綫。

在中國古代文獻中，最早、最詳細記載『海上絲綢之路』航綫的是東漢班固的《漢書·地理志》，詳細記載了西漢黄門譯長率領應募者入海『齎黄金雜繒而往』之事，書中所出現的地理記載與東南亞地區相關，并與實際的地理狀况基本相符。

東漢後，中國進入魏晋南北朝長達三百多年的分裂割據時期，絲路上的交往也走向低谷。這一時期的絲路交往，以法顯的西行最爲著名。法顯作爲從陸路西行到印度，再由海路回國的第一人，根據親身經歷所寫的《佛國記》（又稱《法顯傳》）一書，詳細介紹了古代中亞和印度、巴基斯坦、斯里蘭卡等地的歷史及風土人情，是瞭解和研究海陸絲綢之路的珍貴歷史資料。

隨着隋唐的統一，中國經濟重心的南移，中國與西方交通以海路爲主，海上絲綢之路進入大發展時期。廣州成爲唐朝最大的海外貿易中心，朝廷設立市舶司，專門管理海外貿易。唐代著名的地理學家賈耽（七三〇～八〇五年）的《皇華四達記》記載了從廣州通往阿拉伯地區的海上交通『廣州通夷道』，詳述了從廣州港出發，經越南、馬來半島、蘇門答臘半島至印度、錫蘭，直至波斯灣沿岸各國的航綫及沿途地區的方位、名稱、島礁、山川、民俗等。譯經大師義净西行求法，將沿途見聞寫成著作《大唐西域求法高僧傳》，詳細記載了海上絲綢之路的發展變化，是我們瞭解絲綢之路不可多得的第一手資料。

宋代的造船技術和航海技術顯著提高，指南針廣泛應用於航海，中國商船的遠航能力大大提升。北宋徐兢的《宣和奉使高麗圖經》詳細記述了船舶製造、海洋地理和往來航綫，是研究宋代海外交通史、中朝友好關係史、中朝經濟文化交流史的重要文獻。南宋趙汝適《諸蕃志》記載，南海有五十三個國家和地區與南宋通商貿易，形成了通往日本、高麗、東南亞、印度、波斯、阿拉伯等地的『海上絲綢之路』。宋代爲了加强商貿往來，於北宋神宗元豐三年（一〇八〇年）頒佈了中國歷史上第一部海洋貿易管理條例《廣州市舶條法》，并稱爲宋代貿易管理的制度範本。

元朝在經濟上採用重商主義政策，鼓勵海外貿易，中國與歐洲的聯繫與交往非常頻繁，其中馬可·波羅、伊本·白圖泰等歐洲旅行家來到中國，留下了大量的旅行記，記録元代海上絲綢之路的盛況。元代的汪大淵兩次出海，撰寫出《島夷志略》一書，記録了二百多個國名和地名，其中不少首次見於中國著録，涉及的地理範圍東至菲律賓群島，西至非洲。這些都反映了元朝時中西經濟文化交流的豐富内容。

明、清政府先後多次實施海禁政策，海上絲綢之路的貿易逐漸衰落。但是從明永樂三年至明宣德八年的二十八年裏，鄭和率船隊七下西洋，先後到達的國家多達三十多個，在進行經貿交流的同時，也極大地促進了中外文化的交流，這些都詳見於《西洋蕃國志》《星槎勝覽》《瀛涯勝覽》等典籍中。

關於海上絲綢之路的文獻記述，除上述官員、學者、求法或傳教高僧以及旅行者的著作外，自《漢書》之後，歷代正史大都列有《地理志》《四夷傳》《西域傳》《外國傳》《蠻夷傳》《屬國傳》等篇章，加上唐宋以來衆多的典制類文獻、地方史志文獻，集中反映了歷代王朝對於周邊部族、政權以及西方世界的認識，都是關於海上絲綢之路的原始史料性文獻。

海上絲綢之路概念的形成，經歷了一個演變的過程。十九世紀七十年代德國地理學家費迪南・馮・李希霍芬（Ferdinad Von Richthofen，一八三三～一九〇五），在其《中國：親身旅行和研究成果》第三卷中首次把輸出中國絲綢的東西陸路稱爲『絲綢之路』。有『歐洲漢學泰斗』之稱的法國漢學家沙畹（Édouard Chavannes，一八六五～一九一八），在其一九〇三年著作的《西突厥史料》中提出『絲路有海陸兩道』，蘊涵了海上絲綢之路最初提法。迄今發現最早正式提出『海上絲綢之路』一詞的是日本考古學家三杉隆敏，他在一九六七年出版《中國瓷器之旅：探索海上的絲綢之路》中首次使用『海上絲綢之路』一詞；一九七九年三杉隆敏又出版了《海上絲綢之路》一書，其立意和出發點局限在東西方之間的陶瓷貿易與交流史。

二十世紀八十年代以來，在海外交通史研究中，『海上絲綢之路』一詞逐漸成爲中外學術界廣泛接受的概念。根據姚楠等人研究，饒宗頤先生是華人中最早提出『海上絲綢之路』的人，他的《海道之絲路與昆侖舶》正式提出『海上絲路』的稱謂。選堂先生評價海上絲綢之路是外交、貿易和文化交流作用的通道。此後，大陸學者馮蔚然在一九七八年編寫的《航運史話》中，使用『海上絲綢之路』一詞，這是迄今學界查到的中國大陸最早使用『海上絲綢之路』的人，更多地限於航海活動領域的考察。一九八〇年北京大學陳炎教授提出『海上絲綢之路』研究，并於一九八一年發表《略論海上絲綢之路》一文。他對海上絲綢之路的理解超越以往，且帶有濃厚的愛國主義思想。陳炎教授之後，從事研究海上絲綢之路的學者越來越多，尤其沿海港口城市向聯合國申請海上絲綢之路非物質文化遺産活動，將海上絲綢之路研究推向新高潮。另外，國家把建設『絲綢之路經濟帶』和『二十一世紀海上絲綢之路』作爲對外發展方針，將這一學術課題提升爲國家願景的高度，使海上絲綢之路形成超越學術進入政經層面的熱潮。

與海上絲綢之路學的萬千氣象相對應，海上絲綢之路文獻的整理工作仍顯滯後，遠遠跟不上突飛猛進的研究進展。二〇一八年厦門大學、中山大學等單位聯合發起『海上絲綢之路文獻集成』專案，尚在醖釀當中。我們不揣淺陋，深入調查，廣泛搜集，將有關海上絲綢之路的原始史料文獻和研究文獻，分爲風俗物産、雜史筆記、海防海事、典章檔案等六個類别，彙編成《海上絲綢之路歷史文化叢書》，於二〇二〇年影印出版。此輯面市以來，深受各大圖書館及相關研究者好評。爲讓更多的讀者親近古籍文獻，我們遴選出前編中的菁華，彙編成《海上絲綢之路基本文獻叢書》，以單行本影印出版，以饗讀者，以期爲讀者展現出一幅幅中外經濟文化交流的精美畫卷，爲海上絲綢之路的研究提供歷史借鑒，爲『二十一世紀海上絲綢之路』倡議構想的實踐做好歷史的詮釋和注脚，從而達到『以史爲鑒』『古爲今用』的目的。

凡例

一、本編注重史料的珍稀性，從《海上絲綢之路歷史文化叢書》中遴選出菁華，擬出版百册單行本。

二、本編所選之文獻，其編纂的年代下限至一九四九年。

三、本編排序無嚴格定式，所選之文獻篇幅以二百餘頁爲宜，以便讀者閱讀使用。

四、本編所選文獻，每種前皆注明版本、著者。

五、本編文獻皆爲影印，原始文本掃描之後經過修復處理，仍存原式，少數文獻由於原始底本欠佳，略有模糊之處，不影響閱讀使用。

六、本編原始底本非一時一地之出版物，原書裝幀、開本多有不同，本書彙編之後，統一爲十六開右翻本。

目録

海運摘鈔（上）

海運摘鈔（上）

卷一——卷二

〔明〕佚名 撰

民國二十五年上虞羅氏石印《明季遼事叢刊》本

明季遼事叢刊

海運摘鈔

滿日文化協會印行

海運摘鈔卷一

一

山東等處提刑按察司整飭登州海防總理海運兼管登萊兵巡屯田道副使陶 為備買兵馬料草以濟急用事萬歷四十六年十二月初七日蒙

欽差巡撫山東等處地方督理營田提督軍務都察院右副都御史李 案驗本月初三日准

欽差總督薊遼保定等處軍務兼理糧餉經畧禦倭兵部左侍郎兼都察院右僉都御史汪 咨准

欽差巡撫遼東地方贊理軍務兼管備倭都察院右僉都御史周 咨前事等因備蒙案仰本道即便移文布政司會同萊州道酌議量動原派地畝銀兩若

干行令所屬附近府州縣趁今冬月收買黑豆草束
買完其價銀及脚價不妨從寬議給務使百姓免虧
價轉輸之苦待春初風和即於海運至遼接濟軍需
其前項草豆文到之日一面行令所屬先發堪動銀
兩收買完日暫運何處寄放責令的當人役看守明
春轉運應用何船每船計裝若干該用脚費若干逐
一從長酌議妥確作速具由呈詳前來以憑咨會施
行蒙此本年十二月十二日又准
布政司照會抄蒙
山東督撫軍門李　案驗准
督督薊遼部院汪　咨准
遼東巡撫都御史周　咨同前事等因備准照會到

道淮此行據登州府署印推官李士高呈稱遵奉原行查看得登州府僻處海隅萬山相連刀耕火種中人之產不過三五十畝其平曠而坦闊者則卑濕斥鹵不任稼穡者也芻草之所產甚微且炊薪若桂牧馬如羊即有些須民間自給不肯上納其置買之難一也今奉

明文即拘鄉約公直議得草一束重十斤值錢一十五文價亦不多但歷涉風波二三千里大船所載不過五百束小者不過二百束便無容足之地矣前議運米脚價載六七百石者脚價至百餘兩二三百石者亦不下三五十兩今照運米脚價給之草五百束不過值銀七八兩而費百金運之此萬萬不通之理

若減其脚價則前日運糧船回猶有踵門而泣訴苦累者今減價而差之有掉臂去耳其搬運之難二也再查料豆登州亦不多産萊陽福山等處地稍平多種稻麥黄縣等處多植高粱禾黍惟文登産豆色黄者其性熱馬食之則生癬疥而瘦死惟黑者宜然文登彈丸之地多不過五千石少不過二三千石便盡民間之儲積矣況糴買價銀議於加派新餉銀内動支查得新餉本府已先措處差主簿湯樹績起解矣其餘徵收本色候來春遼運蓬萊等縣各報米三四千石或六七千石積貯海口於二三月開洋再無勘動銀兩可以糴買其黑豆每倉斗一石價銀二錢五分銀一千兩可買四千石乞另批發卑職代庖守土

仰奉
明文敢不念遼左之急事在燃眉竭力躊躇期於共
濟但登州大荒之後雖稍豐稔公帑若掃民無蓋藏
既苦無米之炊又無鬼運之術誠恐竭澤漁之憂不
在遼左而在蕭墻之内矣及查往年征倭事例亦無
運草之説再集故老船户博訪衆議僉謂運草須船
則所載者少而所費者多勢必不行若取之筏運必
得大木數千章而登州諸山光潔如赭拱把之木費
銀三四錢亦必不得之數也况歷涉諸島有礁石壁
上如關道者糧船稍大尚費搬撥而以廣闊之草筏
能有濟乎事在難行懇為轉達惟是料豆雖所産不
多候詳允之日行各州縣盡力糴買不拘多寡隨米

運遼接濟軍前庶軍民兩不困也等因又據萊州府署印推官段國璋呈稱該本府奉文查看得軍興須馬飼馬須草豆況遼左正當剥膚燃眉之際登萊亦屬唇齒輔車之邦凡遼左之仰給於二東者敢不效纓冠之誼矢同舟之力哉但以理勢論之草似斷乎不能運者每大船一隻裝草不過四五百束每草一束重十斤值銀不過一分四五釐前議運糧脚價每大船一隻裝米五百石脚價銀一百兩此外如陸路脚價押運官工食等項尚有許多費用今以運米之船價運草則是以七八兩之草價而反費百兩之船價必無此理況陸運等費又有不可少者乎若減運米之脚價彼船户謂同一用船裝載同一涉險往來

必不肯貶其價為我用也又況船體長而狹窄勢必層累而積其崇如墉海中颶風時起上重下輕船必傾側損船傷人尚多意外之虞又勿論費價之多寡也況先年征倭事例止運糧餉未運草束若使可運當年已行之矣至於黑豆萊屬土宜多種黃豆黑豆雖有然不甚廣且新派加增餉銀原文每畝加銀二厘五毫各州縣地有肥瘠荒熟之不同正在斟酌議派未有徵貯見銀本府多方搜括業已湊處銀五千兩差官抵解新增遼餉去訖此外更無別項銀兩可以借用買豆今或令各州縣徵收本色內八分納米二分納豆或候另發銀兩分散各處照依時價隨集收買總惟上裁等因各呈到道據此除分守萊州道

適報陞任已離地方未准會議今據兩府議呈前來
該本道看得海運餉遼中外持議大槩仿征倭事例
也然以本道論之苟可以佐邊儲而襄撻伐之役凡
為臣子當靡愛頂踵死生以之何拘事例之有無哉
乃征倭海運從登州達彌串堡所運糧餉歲不下二
十萬石而卒未有以馬草應者不但本地之出産有
限實以海上之裝運良難誠如兩府之所查議也況
以每束價止一分四五厘之物而費十餘倍之價以
運之既屬非策且費十餘倍之價而船運不可筏運
不能究竟至於不得到遼則事勢有所難強而人力
有所難施未如之何矣此草之斷斷不能供命者也
惟運豆一節遼之需濟誠殷登萊業已運米何難運

豆見今收有黃豆以待運又奚獨於黑豆而辭之惟是登萊兩郡豆原不多而黑豆尤少登府稱黃者病馬不宜充料黑者宜馬乃可濟遼如以宜馬之故必欲以黑豆為運勢將糴之濟青兩府之閒則道路迂迴山河跋涉未經裝載入船而本地之脚費且浮於豆價再加以船運之費是豆價反多於米價遼左雖曰需豆恐彼中本地之收糴未必若是之多費也竊謂為今之計莫若以見在之黃黑豆一面同米發運以聽遼左之收受如將來專責登萊以馬料勢必不能奔命耳緣係奉行酌議事理本道未敢擅專擬合呈請為此今將前項緣由理合具呈伏乞

照詳施行

一呈　軍門
一牒　布政司　　一手本　萊州道
萬歷四十六年十二月二十二日
二
山東等處提刑按察司整飭登州海防總理海運兼
管登萊兵巡屯田道副使陶　為仰遵
明旨酌議海運事宜懇乞
聖明俯賜採擇以安內地以重軍需事據登州府呈
稱萬歷四十七年正月十五日蒙本道憲牌前事照
得本道奉文轉餉濟遼登萊一帶缺乏船隻頭運業
已湊雇客商及塘頭船隻發運去訖目今春和又當
二運所需糧船無從雇募勢不容已雇之淮上彼地

又以不奉
明旨不肯撥發已該本道議詳
軍門允於登州府庫大曠民屯二項銀內動支三千
兩選給文登縣主簿徐弘諫前往南直地方打造遼
船應用又因本官向年救荒往來海運熟識海上風
角並委督押運遼糧官管轄海船赴盖州套交卸即
令諸事未竣而本官中稱蒙
吏部推陞陜西永壽縣縣丞乞准解事以赴新任等
情據此為照本官既委南方造船董督押運錢糧責
任諸務在身今雖轉官似難擅離合行查議為此等
因仰府從長酌議文登主簿徐弘諫見委遼運軍糈
隔省造舟提押航海夫匠錢糧一切重務全無就緒

應否請以新衙仍管舊事以便責成作速酌妥具由
詳道以憑覆議轉呈
兩院定奪施行蒙此遵依看得主簿徐弘諫既有新
衙難管舊事但
國家用人因事擇官非因官廢事也況遼左軍興蟻
聚蜂屯需糧最緊飛芻輓粟需船最急今覓之本地
既苦商賈之不通雇之淮安又恐秦越之相視則打
造船隻亦勢之不得不然者本官技藝多算幹理有
方即在異地猶當取來委用況在本屬獨不可留之
以效馳驅也合宜咨
部查有登州府屬縣丞員缺准其改補所遺新衙另
行選用庶人與地兩相宜而兵與食兩相濟矣緣由

具呈到道據此該本道看得遼運一事以數十餘萬
軍糈蹈不測之淵熟諳擔當誠難其人兼造船一節
遠赴隅省一應夫匠錢糧並航海人役非素所習慣
而信服者尤難猝辦主簿徐弘諫久諳海務實膺此
委今登萊方藉乎輓輸而秦中邊膺於新轉況未結
軍務尚需完局而粘帶錢穀難委異人既經該府酌
議前來似應准從上請
本院合無軫念遼兵待餉運事孔艱俯將本官移咨
吏部查有山東登州府屬縣丞員缺就近改補兼督
轉運遺下陝西新陞職銜另行銓選庶登萊輸輓得
人而遼鎮兵食亦裕矣本道未敢擅便擬合呈請為
此今將前項緣由理合具呈伏乞

照詳施行
一呈撫按兩院
萬曆四十七年正月十八日
三
欽差整飭登州海防總理海運兼管登萊兵巡屯田
道山東等處提刑按察司副使陶　為置立船號腰
牌以防夾帶事照得海運初開帆檣四集所雇船隻
皆五方烏合之衆其應募而來也急公好義圖赴功
名之會者固有之中欲乘此射利羶逐蠅螘者不少
也今奉
部院咨文念其船價輕微許令量帶民用貨物恐奸民
乘機不惟興販禁物且恐携帶逃亡勾引奸細為害

不小除前有原行船有號旗外合做兵制船分字號
人給腰牌如無此牌即係奸商合發格式刊布懸掛
以便盤詰為此牌仰本府官吏照牌事理即將發去
船號字樣照依編號其腰牌格式該府責令善書人
役寫完翻刻查照運船船戶舵工水手如數印刷類
送本道以憑印發分給各役懸帶運糧以備稽查施
行毋得違錯未便須至牌者
一牌行登萊兩府并旅順營文守備
一移會　海蓋道
萬歷四十七年正月二十二日
四
欽差整飭登州海防總理海運兼管登萊兵巡屯田

道山東等處提刑按察司副使陶　為仰遵
明旨酌議海運事宜懇乞
聖明俯賜采擇以安内地以重軍需事今將登萊兩
府海運規則揭示曉諭以便遵守須至示者

計開

一登州府所屬州縣除棲霞縣山僻免運外其
餘州縣俱近海口諸凡搬運出洋等務俱無
險阻故議運至蓋州套為止

一萊州府所屬州縣除高密縣離海窵遠免運
外其餘州縣俱不近海口内地搬運既難惟
膠州稍近海口而從内地出自外洋一路俱
有險阻故議運至三犋牛為止今於五月二十日議改於

北信口交卸

一登州船價頭運至蓋州套者每石原止一錢五分今憐其守候日久且海路艱難每石量加二分共每石一錢七分兵船半給

一萊州船價初議亦到蓋州套交卸故價亦照登州每石一錢七分今因蓋州套窄小恐船多難泊又因萊屬州縣內海難行改議於三犋牛交卸出海既近船價亦應量減每石減二分計每石實給銀一錢五分兵船半給今擬改於北信口交卸每石亦一錢七分

一運糧船價登萊兩府各有定規登州糧必以到蓋州套交卸為完萊州糧必以到三犋牛

交卸為完如有阻淺閣漏不到交卸之處者該府仍酌量扣其船價以給代剥之船萊糧令五月二十日改往北信口卸

一每糧一石給鋪墊銀一分兵船半給

一神福原議每大船一隻賞銀一兩中船一隻賞銀六錢更有尖小漁船不能載二百石者聽該府量為減除兵船每隻賞銀五分

一運船俱令押運官親自驗看回報堪用方令載糧其有敝壞漏濕等失者責押運官賠償有不遵約束當泊不泊當行不行致糧有損傷者船戶賠償有將好船應雇而臨期易換舊船者雇押等官不舉有失雇押官賠償究

罪雇押官已舉著落保人及本船户賠償追究

一登萊兩府各發口袋二千五百條以備到遼搬運之用給運糧千總收掌聽其分發

一每府設千總二員總理運事把總隨時增減不定員數取其分押快便也

一每千總一員月給廪紅銀五兩隨帶書識家丁四名每名月給工食銀九錢每把總一員月給廪紅銀四兩隨帶書識家丁二名每名月給工食銀九錢每府設船上看糧夫一百名如大船糧多每船二名如小船糧少止用一名如兵船有捕盜可託漁船有船户可託

即不用看糧夫役總之衆多益寡不得出百
名之外其看糧夫俱着押運官自選熟識般
實之人報名驗用每名亦月給工食銀九錢
如押運官係見任把哨呈請帶有部下兵健
者亦准算作書識數内既領有兵糧不得又
領雇價如有不經禀明私自隨帶者查出員
役一體究革
一糧船每船給有長單開載船糧數目船役姓
名並本船雇價以便赴遼查盤交卸
一運糧人役除沙唬等船捕舵什兵原有腰牌
免給外其商民船户及舵工水手各給印信
腰牌懸帶過遼以便彼中關津盤詰以防此

地夾帶奸細船有大小人役有多寡俱著押
運官據實開報該府酌量增減將應給腰牌
呈道請印掛發毋容運官通同作弊假揑姓
名預領空牌希圖夾帶逃亡人口查出運官
以軍法重治

一凡糧船發行該府海防廳親詣海口查點盤
驗各船無弊方准開洋並聽
備倭總鎮移駐鼉磯等處嚴加稽防夾帶禁
物逃亡等項有犯拿究決不輕宥

一出示并發登萊兩府暨運糧千把總等
官

萬歷四十七年二月初四日告示

五

欽差整飭登州海防總理海運兼管登萊兵巡屯田道山東等處提刑按察司副使陶　為急請多餉以濟危邊事萬曆四十七年二月十一日蒙

欽差巡撫山東等處地方督理營田提督軍務都察院右副都御史李　案驗本月初七日准

户部咨山東清吏司案呈奉

本部送准

遼東撫院揭准

經畧咨稱分派各道買辦糧草俱未及半時值春融氷雪漸消師期日迫此何等時也萬難延緩除一面按數嚴行各道勒限分頭催比外備咨前來希即一

體嚴行催併庶糧草早完進勦有賴而蕩平可期矣
等因正月二十三日又據開原道兵備僉事潘宗顏
呈為召買本色事職前往還鐵嶺一路居民百十成
羣或三五十為夥無論五六十起紛紛遮告泣稱草
豆尋買不出地方所産已盡兼稱春種俱絶見今各
民糊口無粒哀號撤價等情職睹之不勝心酸神悸
亦泣諭諸民軍
國大事萬不得已之情諸民惟有前後遮號以頭撞
地而已職查得開鐵一線東西止五六十里三堡殘
破之後屯寨稀若晨星況援兵久居食用至今委實
將盡職先為之添價以慰其意嚴比以催其完禁官
弁之侵索以戢其奉公法止矣至今而法無所施矣

再迫之則民有驅而逃耳西走憨東走奴計今未完豆尚三萬四千石不敷草尚七十五萬東主客諸兵見民間尋買甚難喂馬艱苦日費銀五六分不能飽一馬或買草不得而街頭大號相率而逃日報數次地方之物價人情即此可知職有何術能為之家輓而人留哉萬不獲已止有各軍量加糧料以償其苦撤止召買價銀以安民心倘

上台准加軍糈猶可那給折色至本色不足惟有望

台慈會同計處廣為措置或於遼海兩路早為移運庶不致臨時坐誤也等因呈詳到職職惟師行以糧為急遼左自軍興以來調集及召募主客官兵不下十餘萬月支廩糧不下十五萬餘兩而各將官下召

募家丁安家布花之費不與焉東事一日早完則可
省一日之轉輸東事一日未完則須講一日之儲備
經畧楊　方畧已定布置已周而無奈去冬雪大寒
威異常是以遷延至今又川兵杳無音耗而浙兵逗
遛不進援兵未齊人懷觀望誓師之期與凱旋之日
職尚未敢預定職所知者有餉銀之當多備及本色
草豆之當厚集而已矣今餉銀在庫七萬四百兩續
到南京十五萬除密雲寧遠各留二萬廣寧留三萬
到遼陽者八萬耳今之庫貯七萬有奇併主事張三
傑委官傅良弼領解未到銀二十萬僅足正二兩月
之用此後續差何官另解何項銀兩如各衙門那湊
已盡各省加派地畝銀未到

戶部當早為那解接濟若待援兵脫巾而後圖之噬臍何及至本色草豆尤宜多蓄職未出都門時已屢言於計臣且具疏入告矣自去年十月二十九日入遼境受事無日不檄行各道上緊催運公牒私牘紛如雨下而依期早完者尚寥寥也緣去年八九月間援軍到者無多糧草猶賤各軍但顧目前之便不願領本色以致各道因循躭延至於今日完者尚未及半且有銀尚未發者矣當議買本色之時銀一分買草三束今每束價銀一分五厘矣豆一斗銀四分五厘今踊至一錢五分矣其在開原道倍為騰貴夫不上緊收買於易買之時而倉卒責完於騰貴之際雖各道皆稱賢者而事

機蹉跎大費周章職不能無尤焉經畧寓書於職有
云各道奉行不力行者似視不肖猶不若五日之京
兆也嗟乎經畧事權在手任事將及期年而猶云然
何況職銜門原係裁減職官原係經畧帶管之官東
事旦暮告竣即當卸擔經畧急圖抽身者哉但督餉
大臣未蒙
允用職誼無可諉晝夜拮据憂心如焚若不及今早
言後雖治職溺職之罪亦無益矣伏乞
皇上俯念進勦在邇糧餉不繼
速飭户部多為湊解無致匱乏致生他變等因到部
送司案呈到部看得自古興師餉為首務自奴酋發
難調募援兵之初本部竊為目蒿心嘔蓋不患無兵

而患無餉不獨患無折色而尤患無本色是以日日草疏日日飛檄議那借議搜括議抽扣又議覆加派蓋不啻舌敝頴禿已又一面移咨東撫嚴督道府乘賤收買以便海運又一面移文薊永二鎮召商平價廣備糧草正恐援兵四集不免騾貴也移文後又屢移催始聞登萊收積糧米十五萬餘聞薊鎮備草十四萬餘永鎮亦備草數萬業已今為議處脚價雇運出關去後今又據遼撫備言糧草缺乏之狀勢在岌岌矣除將本部那湊者急催赴遼外其允借未發者再為急催但師期已迫而可坐受嫌怨弗暇顧矣為此合咨前去煩為查照先行咨内事理原議頭運後不必具題正月間即可二運三運次第舉行况山東

去秋豐熟米豆俱賤業已移咨多方廣買矣乘此天
氣漸暖東南風迅速為多方發運多方催趲務要刻
期到彼庶三軍有賴遲則於軍無濟則前日東撫院
道苦心料理之勞俱畫餅矣是本部不獨臂指相倚
尤腹心相托也近聞海防道陶副使已備有糧十五
六萬文到須先為一面陸續起運一面再為廣收接
運再照三韓與齊魯一航之隔遼危而齊亦不安況
又關係
社稷封疆安危之重乎幸各實心協助共力勤
王上緊起運先報糧米數目及起運日期到部以憑
轉咨彼處撫院接受并將未完加派銀兩或以本色
或以折色作速差官經解遼東均勿遲緩以誤軍計

等因准此擬令就行為此案仰本道官吏照依咨案
內事理即將二運三運次第舉行乘此天氣漸暖東
南風迅速為多方發運多方催趲務要刻期到彼庶
三軍有賴遲則於軍無濟近聞該道已備有糧十五
六萬文到須先為一面陸續起運一面再為廣收接
運先將已運未運米豆數目及起運日期并委官職
名一樣三本送院以憑咨
部轉發彼處撫院接受并將未完加派銀兩或以本
色或以折色作速差官徑解遼東均勿遲緩以誤軍
計未便蒙此案照昨奉
軍門發下
本部咨抄到道已經備案發府遵行去後今蒙前因

擬合併行為此案仰本府官吏照依先令咨案并本
道節次原行事理即將二運三運次第舉行乘此天
氣漸暖速急發運務要邊餉充足三軍有賴前該本
道於去冬已行登州備買糧六萬石萊州備買糧十萬石去後今蒙前因
益見昔日之預料不誣文到須為一面陸續起運一
面再為廣收接運先將已運未運米豆數目及起運
日期并押運委官職名一樣四本送道以憑轉報咨
部轉發彼處
撫院接受并將未完加派銀兩或以本色或以折色
作速差官徑解遼東均勿遲緩以誤軍需未便

一案行登萊二府

萬歷四十七年二月十二日

六

欽差整飭登州海防總理海運兼管登萊兵巡屯田
道山東等處提刑按察司副使陶　為仰遵
明旨酌議海運事宜懇乞
聖明俯賜採擇以安內地以重軍需事照得登萊海
運議而復停停而復舉方圓並畫於一時耳目互亂
於指顧當昨秋得
旨發運已在風高水逆之時當今春續運發行尚有
清明前不開洋之忌中間運而不能即到及到而不
得速回天時之阻隔固自有之人事之紕漏難保其
盡無也登萊地在僻隅材官甚乏而又事干涉海言
之若喪其元無有一人敢肩茲役者且嘔浪暈船稟

賦不同亦自難強當此疆埸告急之秋有一人焉奮
身願往時即收之不暇矣但海運既出創行員役俱
由烏合其中廉貪不一勤惰不齊未離登萊本道覺
察不敢不倍加嚴切一入遼境茫隔大海耳目難及
非藉
貴道之寵靈一體稽防其一應奸弊殆有不可勝言
者矣除運官及唬兵船户水手人等俱經本道嚴正
規條專禁夾帶并遲回時日在登萊而誤運者本道
即解赴
軍前在遼左而夾帶人貨者乞
貴道即同本屬徑治以法必罪不宥庶遼登相應如
左右手而此輩亦不能為壅蔽之術以售其奸也合

行移會為此合關

貴道煩為查照稽察施行

一關 海蓋 遼陽 二道

萬歷四十七年二月二十七日

七

欽差整飭登州海防總理海運兼管登萊兵巡屯田道山東等處提刑按察司副使陶 為仰遵

明旨酌議海運事宜懇乞

聖明俯賜採擇以安內地以重軍需事照得海運濟遼業有成議登糧運至蓋州套萊糧運至三犋牛各交卸山東已差有千總黃循恩尚進等分頭接收矣但眼同入倉撥發車騾必係地方為政及查

經畧部院咨文據
貴道海蓋道詳稱置買馬騾九路收運但原文内督收轉
運之官如經歷左之似通判董爾勵今俱已監軍征
勦未必仍留原地則糧石到彼應令何官收卸出給
倉收擬合移會為此合行移關
貴道煩請查照撥官收卸希由回示以便轉報督餉
部院施行
一關 海蓋遼陽二道
萬曆四十七年三月初五日

八

山東等處提刑按察司整飭登州海防總理海運兼
管登萊兵巡屯田道副使陶　為急請多餉以濟危

邊事萬曆四十七年二月二十八日據登州府署印推官李士高萊州府署印推官段國璋會呈稱奉職

憲牌抄蒙

欽差巡撫山東等處地方督理營田提督軍務都察院右副都御史李　案驗本年二月初七日准戶部咨前事等因備蒙案仰本道即將二運三運次第舉行乘此天氣漸暖東南風迅速爲多方發運多方催趲務要刻期到彼庶三軍有賴遲則於軍無濟近聞該道以備有糧十五六萬文到須先爲一面陸續起運一面再爲廣收接運先將已運未運米豆數目及起運日期并委官職名一樣三本送院以憑咨部轉發彼處撫院接受并將未完加派銀兩或以本

色或以折色作速差官徑解遼東均勿遲緩以誤軍
計蒙此又准布政司照會抄蒙
督撫軍門李　案驗准
户部咨同前事備會到道准此本月二十七日又蒙
本院案驗為備買兵馬料草以濟急用事准
户部咨前事仰道即行府州縣速備草束當隨米運
設法兼行或船或筏相機為之如那用脚價銀兩准
作部額申報兑補賢才經濟正在此時展布況目前
援軍窘乏萬一不接則該道前功盡棄且致誤軍興
可不凜凜仍將運過草束數目及運官職名起行日
期作速報院以憑咨復本日又蒙
本院案驗為仰遵

明旨酌議海運事宜懇乞
聖明俯賜采擇以安內地以重軍需事准
欽差經畧遼東等處軍務都察院右都御史兼兵部
左侍郎楊 咨據海蓋道康副使呈前事內稱再乞
本院移咨東省撫院行令該道嚴督押運委官毋復
稽延毋滋舊弊其原議某處交卸者直至某處其於
大兵之急需庶有濟乎等因仰道即便嚴督押運委
官依期速運務照原議地方交卸以濟急需等因蒙
此俱經遵行在卷職等謹會看得臣子委質於君肢
體髮膚非所敢愛況
國家多事征調轉輸敢云推諉但聞催檄頻下人心
驚惶職等代庖守土不敢不言登萊海運遼糧取之

遼鎮銀兩奉有
部文此外並無别項取給除四十六年登州府運過糧米一萬三千三百七十三石一斗三升折銀六千六百九十二兩九錢一分一毫解過銀一萬三百五十二兩五錢八分九釐九毫萊州府因奉文停止海運解過銀二萬四千五百五兩四分六厘六毫七忽一微八纖七塵俱取有批收在卷則四十六年兩府之為遼者事畢矣四十七年登州府徵得四十六遼鎮銀一萬七千四十五兩五錢四分應運米豆二萬七千九百四十三石五斗一升四合六勺萊州府徵得四十六年遼鎮銀二萬四千五百五兩四分六厘六毫七忽一微八纖七塵應運米豆三萬六千八百

石二斗五升見在發裝開洋而四十七年兩府之為
遼者事又畢矣又因船隻缺乏積糧無船差登州衛
百户陳安國登州府照磨鄭士彦萊州衛經歴劉一
進及把哨聽用等官周評傅與寍魏雲龍周謨葛惟
功等通共領過雇價銀一萬九百一兩七錢四分又
因去年九月往淮安雇船至今尚未見到且因盖州
套須用遼船又發銀三千兩委文登縣主簿徐弘諫
往淮楊等處打造遼船二十隻以上銀兩俱係借動
京邊錢糧並本地緊急兵餉暫應一時仍候四十八
年遼銀補還者今復蒙
明文加派地畝銀兩留登萊道廣收米豆接濟軍前
但前銀已經上年登州府於十二月二十五日批差

主簿湯樹績解銀六千兩萊州府於十二月十九日
差縣丞劉珽解銀五千兩本年正月二十日奉
部文嚴提登州府又於本月二十五日差主簿魏朝
臣那解銀一萬兩萊州府於正月二十八日差主簿
周玉振解銀六千兩又萊州府於上年八月二十三
日差吏目裘應科解過奉文抽扣各役工食銀一千
二百七十二兩抵作新餉之數在登州府止餘未解
銀三千七百六十九兩二錢三分五厘八毫八忽零
在萊州府止餘未解銀九千三百四十二兩三錢四
厘五毫四絲零見在糴買黃黑二豆惟是民困未舒
催科煩擾大糧方完即徵遼鎮遼鎮未已又催加派
無論民脂已竭負載而輸納者踵已欲穿肩不得息

而雇募淮船惮於風波尚無至者今奉憲檄坐取十五六萬之外猶責廣收夫登萊地濱海瀠幅員不過五百餘里砂磧滿目萑葦連天以天下較則九牛之一毛也以東省較則晦月之殘形也自有東事以來調兵一千五百名援守寬奠等處其安家行糧官丁廩餉雇募水手動費六千九百七十餘兩雖奉有

明旨商稅補還猶屬畫餅上年登府運米一萬三千三百七十餘石止費過正銀六千六百九十二兩九錢一分一毫而折損賠補廩給諸費不下數百金新運米豆事雖就緒而借出雇價水價等費均係借支如徐主簿領過銀三千兩鄭照磨雇船領過二千兩

周謨魏雲龍等共領過銀九百餘兩俱未有著落新加地畝解過銀二萬八千二百七十二兩雖有一萬三千餘兩一時徵解不完外抽扣工食解銀二千三百六十八兩三錢七分四厘一毫搜括無礙解銀九十兩八錢三分夫彈丸之地所出有幾若復催廣收接濟其取之民間則困倉竭矣其借之庫藏則搜刮盡矣天不雨粟而雨金人不能神輸而鬼運其將奈之何哉夫奴酋犯順登州勤王獨力徵兵則先期而往運餉則飛輓而供加派則竭趨而至苟有絲粟可以佐遼左之急者靡不捐其髮膚即遼左之自為當不過此矣乃輸輓則每見嗟於後時風阻則懸指為獘竇登萊獨任其勞而獨當其困謂之何哉夫普天

皆王土也率土皆王臣也當東省大災之際淮安船
隻載糧而覓利不下百艘昔年運糧朝鮮取給淮船
若其空船而來可運登米若載糧而來可實遼東亦
一策也又查昔年濟南大饑樂陵利津等處商船糴
米登萊由海而販賣者啣尾而進征倭事例運糧取
之沿海州縣不獨責之登萊也柰何今日之事獨以
登萊任之其或軍興不貲責之青濟協運亦一策也
徵運遼糧本道再三嚴諭聽從民便懽呼輸納敢謂
殃民但勞而不怨不若不勞之不怨其事易見也獨
力之難任衆擎之易舉其事判然也今以運則無船
以糴則無本若夫廣收接濟必借之起運存留即各
官之考成不辭而民之輸納不已必致騰貴騰貴不

已勢必竭澤恐嚚然喪樂生之心一遇甲寅己卯之荒民復為相食之民矣且見近日震鄰之恐民又將為安丘之民外患固所當防蕭墻亦所當念而不得不言者也伏乞轉詳等因到道該本道看得海運一事乃遼左之所籌之不便而特疏報罷者也盖州套乃從前之所未及乃職因去歲頭運已發而遼左報停勢不獲已故創開此議

戶部據以

題請者也自職開之自職墮之似無是理而海上之風濤難測到套之船隻稽遲雖天時之不善實職見事之不早敢曰非罪哉而遼左動稱毋滋舊弊而職又督催不已宜兩府之有此申請也查自職受事以

來遼銀之應解而解過者凡三萬六千一百二十九兩六錢三分六釐五毫七忽一微八纖七塵遼餉之允運而運過者凡一萬三千三百七十三石一斗三升而登萊兩府之原額遼鎮銀無欠也又奉
憲檄准
部咨責令新加遼銀或運或解陸續濟遼兩府額該銀四萬一千三百八十三兩五錢四分三毫五絲三忽五微七纖七沙五塵隨即借解過銀二萬八千二百七十十二兩餘下銀一萬三千一百一十一兩五錢四分三毫五絲三忽五微七纖七沙五塵見在徵收本色遼糧除扣脚價外該徵米二萬七百二石四斗三升二合一勺三抄七撮二圭七粒六粟而登萊兩

府之新加遠鎮銀無欠也以視派而未徵徵而未解
者似有間矣獨是海運之遲速全憑天時之順逆逆
風而行雖神禹不能也而運之多全在船隻之集無
船而責運雖蕭何不能也是以征倭之年海運船隻
盡取之淮上兼之以太倉崇明遼海等處而山東之
船什不得一焉於是海運何等海運也是實實舉行
之海運也是詢謀僉同之海運也以故人員無所不
備舟檝無所不具提調無所不應錢糧無所不裕今
何如乎應解之遼銀止該四萬一千五百五十兩五
錢九分五毫七忽一微八纖七塵除扣脚價各費外
止該運八萬五千六百餘石而職之聚糧已有一十
五萬有奇視原額不啻倍之矣登萊素無船隻而之

多方設處已有二百五十八隻矣夫此二百五十八
隻者非昨年議運時所為聞風逃遁者耶職受事而
招集粗安隨又議停而望風解散矣職聞命而又多
方收拾沿洄上下周流八方近者蒲臺濱州塘頭寨
等處不能滿五十隻而泊入職境海路迂迴且二千
餘里加以守風守凍之時日非一月不到也遠者天
津安東日照等處不能滿三十隻而泊入職境海路
迂迴且三千餘里而加以守風守凍之時日非五十
餘日不能到也而船皆窄小不能多載即得十船不
能比淮船一隻之用而去年運否之間尚候鼻息於
遼左自今年二月有
遼東撫院周 急請多餉一疏而望海運於登萊者

其意始堅以兼言草豆而職極言草束輕浮航海招風且計數金之草須用數十金水脚之費登萊産豆有限去年收糴止照征倭例二八兼收今驟來取盈勢不能得具載前詳業蒙

本院移咨彼中已經洞知運草之必不可行及豆之不能及米矣然而職亦不待臨事而後計也自昨秋頭運發行之後職已知今年遠左大兵雲集需糧正殷蹂躪之餘農業必廢今春須運所不待言昨秋稟揭見在

本院臺端可覆而按也見今淮上雇船自去年九月至今尚無至者夫登萊轉運望船有如大旱望雨船不見至而殫慮持籌故從權便又密遣謹畏員役賫

銀躡赴西府塘頭濱樂等處一帶海口遇船即雇船
到即裝前月僅得六十一隻已裝蓬萊福山寍海三
處米豆一萬三百六十石矣今日又得六隻裝過即
墨縣豆一千一百石矣俱已發出海北廟島八角等
島守候順風始獲東渡得船之難未可描畫較之征
倭之海運何如哉至於開洋之後其中濡滯又自有
由似難以遲速為功罪者盖征倭海運自西南運至
東南春夏固可安行秋冬亦皆風便然自登萊出洋
至彌串堡至義州錦州隨路交卸一年運米止一十
六萬石而征調船隻幾遍天下且收受者朝鮮也以
屬國領
天朝之頒賜應接惟恐不恪以陪臣收

上國之軍需搬剝盜有刁難是以後漸加至一年運二十四萬石而彼此各無間言也今則舟行於人跡不到之蓋州套而又自西南運至東北非春夏順風不可一至秋冬風逆水落潮低礁露斷乎難行而況海上風波豈由人力詎可與陸運計日挨程者同日語耶故糧而速得到遼是海若之效靈也遼兵之天助也職不敢妄以為功倘其風色之不便收受之不時是天時之為害也士馬之不幸也職亦未敢獨當其罪耳而收糧一款則又不得不聲說於此時而圖長便於異日者職前詳謂遼左未有專官庶幾跂望於左經歷而昨見

經略進兵疏則云左之似贊理瀋陽一路兵馬以攻

奴之西面矣海蓋道詳報
經畧謂督催陸輓有管糧通判董爾勵而昨見
經畧進兵疏則云董通判贊理開鐵一路兵馬以攻
奴之北面矣萊糧原議三椇牛交卸初意尚有金州
海防黃同知接收而昨見
經畧進兵疏則云同知黃宗周并督朝鮮兵馬以攻
奴之東南矣上而至於遼中各道亦皆躬擐甲冑身
在戎行下之既無專官上之亦無稟承望船到彼更
從何處望門投止哉遼而收受有人職請得用職前
稟中所謂囤積另搬之法運船一到且堆岸傍隨即
遣回再發一運則一船可當兩船之用遼而收受無
人則雖運船早到而守候時日茫茫大海何所依歸

倘有損傷誰任其咎若夫十五六萬之説亦當一併
請明者登萊兩府本年新舊遼鎮共該銀八萬二千
九百三十四兩一錢三分八毫六絲七微六纖四沙
五塵已解過二萬八千二百七十二兩止剩下五萬
四千六百六十二兩一錢三分八毫六絲有奇耳内
中再除去脚費十分之四并解海盖道一千兩止該
約運糧八萬三千六百七十七石四升八合七勺二
抄零而此外升合非遠之物矣今如欲將明年之銀
而糴之則糧尚未徵敲筋吸髓之餘斷難下兩年並
徵之令以激内地之變欲將别項銀兩借動糴之則
東省大荒之後徵比不前昨之解遼係悉借解倘再
有可借當以不待今日也伏乞

本院俯念運事非船不濟船非淮上不多并海上風波不由人力登萊銀糧應運有限能運實非職功船遲亦非職罪早賜具

題徽

天語叮嚀俾淮有濟用之舟遠有收受之人或如府議以糧就船分頭以運或念登萊遠銀有限以銀就糧令濟青等道共任其運庶十五六萬不為無名之餽而職見在海灘堆積之糧不至漸為朽腐又增一重罪案則遠事幸甚登萊幸甚本道未敢擅專擬合呈詳為此今將前項緣由理合具呈伏乞

照詳施行

一呈　軍門　一牒　布政司

九

本年三月二十一日蒙

軍門李　具

題該本院看得海運一節師行糧從上有

宵旰下有昏墊孰敢後期惟是東方以屢祲之餘乘風礁之險故海運者東方之分也而實東方之所難也自奴酋犯順撻伐大張首及海運之議特調副使陶　以董其事該道以駕輕之地馭素拊之民誘諭招徠克求濟事而時因遼左米價相平故有中止之議臣與該道即行停散而糧有已裝者舟有在洋者各商銀既到手難復追還勢不得不前發又以遼左慮陸道之遠議至三柤牛議至蓋州套此該道之苦

心求勉强完此一運之事耳而一運一停查議經時候文往復未免躭延自秋入冬海岸漸凍其不能盡至於盖套者盖風波之不常非意料之所及也彼時初運抵遼之際聞遼之米價猶平尚未見其大利故臣與該道止收糧以預備今春再運亦俟兩地議定而後行耳及撫臣抵任連

疏臣草之艱部文屢催急如星火盖遼左去冬兵集糧貴海運益見其當行臣受茲重任即髮膚思捐第運草一節其物輕浮多則招風少則無濟結筏粗重必以數舟牽綰日行止十餘里遇風無處棲泊且兩府申文計一舟之脚費數百金止能運數十金之草其費十倍于值似難議運臣已有咨復若米若豆則

兩府原不敢辭但此時不苦於無糧而苦於無船所
以然者山東止有本地塘頭漁船數原不多備查東
征文案所用者淮船遼船以及太倉等船也所留者
户部兩次共銀八萬五千五百兩兵部兩次共銀二
萬七千兩工部兩次共銀二萬二千五百兩也臣前
疏曾悉詳之而以其議中停未奉
俯允所以差官自行雇募淮船憚於風波尚未見至
糧久海崖更有可虞日據該道所報先次雇到船六
十一隻運過登州府屬米豆一萬三百六十石今二
次報船一十二隻運過萊州府屬米豆共五千一百
三十一石三斗五升總計其所報二百五十八隻其
於該道之心力可謂竭矣而今日之運又與東征殊

東征處全盛之時合天下之全力有船隻有脚費以
供濟運令止一凋敝之東方為何等時乎以言收糧
則隨民之便不敢强也以言雇船則厚價招之不敢
用法拘也既欲完航海之事又欲順商民之情左右
方圓一時並畫難之難矣夫遼有兵而所無者糧也
登萊近遼而濟之登萊有糧而所無者船也則近登
萊者應濟之該臣沉痾日久兩
疏乞歸未蒙
聖允近謬叨
新命萬非庸劣病臣所能勝者除已具疏
籲免外但據該道告急之文再四前來而海運目前
最急之務為東方未了之局故不避瑣瀆具疏上

聞伏乞
皇上軫念海運大計
勅下戶兵二部再加覆議除本省青州及利津霑化一帶海船徑行道府雇募此外所仗淮船速為咨催轉行刻期給發雇船價值照東征事例不妨量議從優以濟亟需其雇船脚價銀兩或照東征事例准留三部銀兩或即准於新增遼餉銀內開銷則價優而舟至舟至而糧行矣至於萊糧及舟大者可至三犋牛登糧及舟小者可至蓋州套已有成議而糧至之日該道原議隨地交卸於就近倉厫庶便舟還速於再運而遼左府佐官員從戎各有專司則金蓋交卸接受之官尤為喫緊所當併為議覆者也抑臣又有

過廣瑪臣撫東三載見民之困窮已極其固結不解者恃
皇上全活之恩耳臣今日云有糧而苦於無船若徵之太急又將恐民窮而無糧此臣所深憂而未敢深言者今通計兩府每年新舊餉銀八萬二千九百三十餘兩除解過折色銀二萬八千二百七十二兩止剩銀五萬四千六百六十二兩有零内再除去脚費十分之四并解海蓋道一千兩止該買本色糧八萬三千六百七十七石零此外如必足十五萬之數仍須動别府銀兩以為協濟然必外船麕集之日方可任其盡運若船有不繼必候其催至方可盡行此後總計二府新舊錢糧或以半本半折或以本六折四

酌議責運大約以二府之力每歲運糧十萬亦為竭
盡臣與該道外急遼左之軍需内計二府之民力二
府之民力内全則遼左之外距益固不獨輔車之相
須亦本根之先計也統祈
勅下議覆施行
本年四月初一日蒙
户部覆看得援遼兵餉陸運遠而費侈海運近而費
省況本道蓋州套交卸之議尤見實心料理真遼運
之奇才持籌之重望但其間風濤順逆人事參差則
輓運愆期亦勢之宜然而非人力所及也然臣部猶
每一咨催必欲隆冬方止必欲春初即運必欲乘時
多收不必候

題亦不可掣肘正謂撫道之幹濟精勤大爲軍國之助也今據撫道所議不苦無糧而苦無船則去秋乘時多收可知矣但去年九月差官陳安國等八員領價一萬九百餘兩及委官徐弘諫領銀三千兩打造遼船尚未到則時迫勢急豈能坐待乎除臣部已咨淮上總漕趣發淮船星夜至彼守催起運外所議雇船脚價一節宜照先年東征例動支三部銀兩可也所議近地交卸一節已咨令金蓋二城空廒暫寄可也所議速卸以便速回速回以便速運如糧船一到暫囤倉廒即爲轉運前委廉幹府佐料理并防奸徒乘機竊盗此在遼東撫道嚴委督理可也所議二府新舊每年額銀八萬二千九百三十餘兩今年

解過二萬八千二百七十二兩止剩銀五萬四千六百六十二兩有零除脚價費并解海盖道一千兩止該買糧八萬三千六百七十七石此時遠左寡糶即運十五六萬尤虞不足若二府之銀用盡不妨量動別府之銀以償其值可也倘今秋決勝則海運可已矣若猶未也則今秋之廣收來春之早運俱照前例行之誰遽已乎所議草束船載無幾而筏載可行若果不便或再行蓟遼督撫多方收買以備軍需或開海禁以聽民販切照東省撫道經濟宏議轉漕善策留舊有之額當不患無糧資留三部之銀當不患無脚費再有不足令別府佐之此用慮極詳用心良苦矣除咨報發糧二萬開洋外餘即陸續發運以濟遼

急而軍無呼庚疆場有賴本道督率之勤及押運委
官之賢容臣年終查明分别紀錄以鼓任事之心既
經山東撫臣具題前來相應據揭依覆恭候
命下本部移咨薊遼督撫按及漕運總督山東巡撫
并知會兵工二部一體遵行緣係急
請多餉以濟危遼及奉
欽依户部知道事理未敢擅便謹題請
旨本年四月初三日奉
聖旨是

十

山東等處提刑按察司整飭登州海防總理海運兼
管登萊兵巡屯田道副使陶　為請明遼糧交卸之

法以免遲誤事萬歷四十七年三月初一日蒙
欽差巡撫山東等處地方督理營田提督軍務都察
院右副都御史李　案驗本年二月二十一日准
欽差經畧遼東等處軍務都察院右都御史熊　兵部
左侍郎楊　咨為仰遵
明旨酌議海運事宜懇乞
聖明俯賜採擇以安內地以重軍需事據金復海蓋
兵備道副使康　呈詳准登州海防總理海運兵巡
道副使陶　關准本道關煩將海運事宜及水陸脚
價交卸處所查議妥確通詳
各院抄批回覆以憑通詳又准本道關為遼米開洋
難挽等事節准移會到道准此行據登萊兩府議覆

前來隨經本道會議轉詳
山東軍門訖向因未奉批示未經關復今已移咨
部院矣所有發示咨稿合抄全文一帙移覆過道准
此看得海運之役所以接濟遼左糧餉之窮今東省
業有成畫矣其以萊州之運至三犋牛交卸登州之
運至蓋州套交卸蓋以均道里之程節勞逸之勢也
至三犋牛者當以金州旅順撥船剥運總至蓋州套
交卸其應用口袋脚價即以登萊兩道議解脚價給
之其成數容酌議另報而護防偵詰則金復參將守
備任之至蓋州套則轉運遼陽矣如水運於邊外冒
不測之險逼近虜穴勢既有所不能將分運於排車
值買運之多尚難完局力又有所不給前議用永盜

監馬五百匹馱運今不能濟也今議動馬價買馬騾四百五十匹頭馱運自盖州套至遼陽計程二百七十里分為九處每處安置馬騾五十匹頭以步軍五十名領之一日一廻每馬騾可馱糧一石是一日可發運五十石日撥一官押運至遼陽交卸週而復始等因備案仰道照依咨案内事理即便嚴督押運委官依期速運務到原議地方以濟急需毋得違誤未便蒙此竊照海運米豆

戶部責令職運十五六萬然以遼左應得之餉計之亦應運八萬三千六百七十七石四升零也初以冬底春初風逆水凍暫候天時目下即不難啣尾而進矣職又見淮船不發本地之船絶少議將見在大小

船三百餘隻運到即卸卸空即回回即再運庶幾一
船可當兩船之用勿蹈去秋危險之途徒費時日盖
欲乘春夏風柔水煖飛輓速竣不必延至秋冬方謂
一年完局也今該道議將萊糧至三犋牛者以金州
旅順撥船剥運登糧至盖州套者特買馬騾搬至遼
陽苦心布置竭力分勞即東人之自為計亦無能逾
此矣第以盖州套之糧論之該道謂自套至遼陽二
百七十里故擺設馬騾九路三九二十七每三十里
一接接至軍前速於置郵立法最善第云每路五十
匹一日一迴每日可運糧五十石是一萬石當運二
百日二萬石當運四百日也今登糧之應運者不下
三萬有奇則在海守候將近兩年此兩年之内能保

其日日晴暖無風濤之患乎糧糗在船日浸月潤能保無紅腐之虞乎且今天討大彰四路進勦凱旋指日倘遲至二年之外則在今日軍中望糧而無糧在異日雖有糧亦無所用之也而又恐船戶之守候久則水脚必然告增水手之守候久則工食又當另議而時日久則奸弊生如去年頭運因阻凍不前有拐糧脫逃如張孟武有盜糧詐死如王大武者非千總黃省恩之緝獲則逺餉又付之烏有矣此其不得不請明者一也至萊糧至三犋牛議令金州旅順撥船剝運至盖州套藏身在登萊不能知彼中船隻之多寡但計萊糧之應抵三犋牛者五萬餘石金旅之船不知係何式樣若猶夫

遠船已也則大者身深横濶礁淺可虞不能入套止可用僅裝三百石者剥之是用金旅船一千六百餘隻方能剥盡菜糧若仍以數十隻搬剥候卸而又來則其守候風濤之當慮後時無濟之當議加費滋弊之當防亦與登糧等矣此其不得不請明者二也然此止就遠左應得額餉之數而言耳若果如部咨所云欲將職十五六萬之積盡輸之遠則其守候且三倍之若又如職前詳所云海若效靈淮船得旨乘風到岸或一日麕至則其搬剥之苦又倍之矣該道既為接運計而為東人分搬剥之勞者無所不極其至職身肩餉遠之責而為運船圖長便之計者敢不效一得之愚哉查得盖州城内設有倉廒寛空

可以峙糧而蓋州套離城止二十里金州城內亦設有倉厫亦寬空可以峙糧而三犋牛離金州城止十八里莫若於金蓋兩城之內遼左差廉敏官各一員專主接收會同登萊運官在彼盤剝暫寄倉內而以其他空船速急放回再裝一運是真一船可抵兩船之用且糧既入倉風濤可免弊竇亦塞而遼地水陸搬運又可因時制宜遼之人力亦不疲於奔命一舉兩便似無逾此者今米豆開洋已及二萬陸續發行數日之內不下三萬便否之間利害判焉尤宜亟為知會以便彼此奉行者也緣係請明遼糧交卸之法以免遲誤事理本道未敢擅專擬合呈請為此今將前項緣由理合具呈伏乞

照詳施行

一呈軍門　一牒　布政司

萬歷四十七年三月初七日

十一

欽差整飭登州海防總理海運兼管登萊兵巡屯田
道山東等處提刑按察司副使陶　為仰遵
明旨酌議海運事宜懇乞
聖明俯賜采擇以安內地以重軍需事今將本道督
轉遠餉博採羣議關防禁約著為章程揭示曉諭一
體遵守違者按法拏問施行須至示者

計開

一收糧收頭并公正副不許以有糠之米有箕

之豆搬運上載押運官不許需索銀錢淋尖
踢斗故意刁難倘有此弊本府委官不時揭
報海防廳以憑查實報道重處
一每船米豆上完本府委官及該州縣委官同
押運委官看船夫船户眼同取船内米豆各
數合用紙封固責令看船夫船户各畫押明
寫某船樣米樣豆赴海防廳用印鈐盖封裝
押運官收照到遼之日眼同遼左收糧官拆
開查對照樣交收庶免竊取官糧者攙糠使
水致有浥爛短少反藉口於原糧糠濕如到
彼米豆與樣不同及浥爛短少責令船户賠
補外仍計贓坐罪

一各船務要水草預備不得臨期措辦若水草
不足須當預稟該管官員擇撥幾人下船汲
水買柴不許擅自登岸及需索島民私盜柴
薪貽害地方違者拿究
一糧船開洋必經由別海口如膠即之船必經
文登盜海等處盜福等船又到廟島收泊倘
彼中夾帶難以隄防該府海防廳必須行文
沿海地方守禦官員責令瞭望人役凡遇運
船到彼即便申報或某日經過或某日灣泊
某日開船有無船户水手上岸有無岸上之
人搭船渡海或因風不順而灣泊或因買貨
物而灣泊務要據實申報違者究處革事

一卸糧完日押運官每船留其緊人一名以為質當仍撥原看糧夫在船押空船回來徑往應上糧海口如有後到船隻非騙害島民即攬裝逃兵除船戶重究外押運官亦與有責其淮遠等船尤善逃匿卸空之日如不行設法押回致有逃失避差者運官重究

一登糧至蓋州套萊糧至北信口各交卸到蓋州套者應用小船到北信口者應用大船今年春運事勢急促船不應募所撥運糧船隻俱隨裝不復膠柱以致遲誤今各於交卸之日清理回裝宜萊者萊宜登者登押運官各照另牌分派海口押令照牌派處所灣泊聽

裝庶大小各得其宜船糧各便

一運船到遠泊於應泊海口照近議咨文萊糧卸於北信口岸上登糧卸於盖州套岸上即用船中鋪墊原料原蓆圈囤即為交完船户即駕船回其倉收着落押運官守領如大倉收候

海盖道類總印發時日尚遲先取遠地收糧官小倉收繳報

一各運官每與船户猫鼠同眠任其延捱置買貨物及至違限稽查動稱風阻今立稽程長單將一路島嶼灣泊處所及守風日時逐一明註單內每單一樣二張一投赴

海盖道聽查有奬竇即便在彼地方就近拿
究一回緣本道按日稽核查有虛捏逗遛等
奬軍法重究情重者仍解
經畧衙門梟示
一鋪墊料物在上載之日用以鋪艙免致浥濕
在到遠之日即用以圈囤或收寄倉厫或露
積堆垛乃兩地必不可少之物如有船户折
乾入己不行置買致糧有躭誤者先將運官
追贓究治船户照數追銀仍扣其糧上水價
每石二分發船廠作造船支用按律監究
一看糧夫初議每船或有一名或用二名許運
官自行選擇盖欲其熟識可託也乃近訪得

運官如葛子華者竟將看糧夫工食折乾入
己不行雇募揑造詭名冒領腰牌則船上米
豆託誰管押深可痛恨除回日另究外今後
看糧夫俱該府海防廳選驗如本道招遼船
水手之法取具的當保人在城伺候候有糧
船應發一名二名者該廳掣籤撥給運官不
得仍前任其揑冒違者拿究
一出示并發登萊兩府暨運糧千把總等
官
萬曆四十七年三月二十日告示
十二
户科給事中官　投

大司農揭帖山東海運職昨歲疏揭不一而足與夫
督餉大臣一舉職亦曾以爲言今海運雖行尚無底
績一者始於
貴部疏
請中停致令船隻倏集而倏回米糧時收而時散二
者登萊之開洋已到而遠左之收受無人既致頭運
之未完遼船之打造無資而淮船之搜買未至因而
後運之難續頃
督餉李少司農詳哉乎其言之已得
旨矣目今收受作何責成造船買船作何結局
貴部及早
題覆不俟終日可也蓋遼東米價騰貴職昨歲屢疏

深以為憂今不幸言而中諒
貴部之星速料理無俟職言之畢矣乃若大臣督餉
久奉
俞綸而駐劄何所職前月疏中曾及之雖
貴部疏有聽其自為酌量之語而畢竟事體重大關
乎軍
國詢謀定欲其僉同非局内一人所得而自主者攷
之往事有以督餉駐武清者矣今日駐劄何地為宜
大約春夏間急於海運秋冬間海不可行急於陸運
行海運則春夏駐通州或天津為便行陸運則秋冬
駐永平或薊鎮為便會須
貴部酌定一疏

題知庶令有所適從耳抑職因是而有議焉新餉折色夙貯太倉督餉駐處其於太倉風馬牛不相及輓輸既緩於修途召買復難於等待職謂新餉從省而來者只須赴

貴部投文

巡差掛號其銀鞘徑赴

督餉處交割明白掣取批迴銷號足矣不惟省

貴部另差解官之擾抑且

貴部兼理九邊

督餉特援遼左責既專而肘無掣彼己兩便此一議也自有遼警以來曾設潘餉司矣乃不數月而

經畧忽以兵備特

題又數月而單餉司始啣

命出首尾交代並無其人職去年有曆餉維艱用餉宜節一疏內稱新餉銀須年終季終將管收除在總撒數目報部報科以憑稽覈今潘既物故單又新官從前三百萬兩之交銷幾不可問

貴部或行文一查已往者今單餉司細開總撒用過若干尚存若干未來者責令如職議每季終歲終造冊四本一報

貴部一報職戶垣一報職太倉巡倉庶衆所竭蹶焦思而圖者不至虛糜甚而冒破多此二議也世間最星屑最麗雜無如錢穀大臣體貌隆重但總大綱而必有人焉司其細目者乃能勝任而愉快故本色折

色某處應催趲某處應給發某處應支領大臣有發蹤指示已耳若夫盤驗之委瑣秤兑之零星實須專委或

貴部主政一員或近郡同知通判等官一員以司出納而聽挈提庶於大臣體貌為不諜屑此三議也

貴部之設有十三司也皆以一司照管一省之事也若山東司則以山東司兼攝遼左而鹽課諸務亦於是焉繫此在太平時已覺煩劇矧今日乎舊例本司事務惟本司正郎主之而副郎以下往往不盡與正郎之於該司久矣即日昨郡守之推業蒙

題留然畢竟一人之身而多務萃焉往事本科尚計數輩相與上下其議論而分任其章疏今如張諱大

猷吳諱伯與皆司屬之錚錚者或出郡國或出為邊郎而本科亦且寥寥焉合無請
旨將該司添設郎中一員即不然揀司官中老成有才望者協理餉務譬如戎部職方郎已經奉
旨添設事可互觀此四議也職因議督餉駐劄而附此四議業經具疏尋恐多言上瀆
宸聽故特以揭懇
貴部一面以督餉駐劄即日
題知一面以職四議斟酌可否另列上
聞其於餉務未必無補蓋督餉與海運皆職昔所開端而今未竟者職故不覺娓娓若此謹揭

萬歷四十七年四月初十日

十三

欽差整飭登州海防總理海運兼管登萊兵巡屯田道山東等處提刑按察司副使陶　爲仰遵
明旨酌議海防事宜懇乞
聖明俯賜採擇以安內地以重軍需事准
欽差整飭金復海蓋兵備屯田兼管苑馬寺事山東按察司副使康　關前事案查先議督收轉運之官如經歷左之似已推補遼陽管糧廳其通判董爾礪隨征陣亡已推山海同知張文達見今告致岫巖糧廳尚缺未蒙推補惟恐遲誤督收轉運仍詳金州海防同知黃宗周督署糧廳事務就近督收轉運等因備關移道准此查得萬曆四十七年四月二十一日

邸報内
户部一本為急
請多餉以濟危遼事覆看得援遼兵餉陸運遼而費
倍海運近而費省況該道蓋州套交卸之議尤見實
心料理真趲運之奇才持籌之重望但其間風濤順
逆人事參差則輓運愆期亦勢之宜然而非人力所
及也然臣部猶一咨催必欲隆冬方止必欲春初即
運必欲乘時多收不必俟
題亦不可掣肘正謂撫道之幹濟精勤大為軍
國之助也今據撫道所議不苦無糧而苦無船則去
秋乘時多收可知矣但去年九月差官陳安國等八
員領價一萬九百餘兩又委官徐弘諫領銀三千兩

打造遼船尚未到則時迫勢急豈能坐待乎除臣部
已咨淮上總漕趣發淮船星夜至彼守催起運外所
議雇船脚價一節宜照先年東征例動支三部銀兩
可也所議近地交卸一節已支令金蓋二城空厫暫
寄可也所議速卸以便速回速回以便速運如糧船
一到暫囤倉厫即為轉運前委廉幹府佐料理并防
奸徒乘機竊盜此在遼東撫道嚴委督理可也等因
奉
聖旨是咨院行道欽遵在卷今准前因即知
貴道收卸糧餉體
國恤民專委黄同知在蓋州套收糧足徵同舟共濟
之誼但據運糧船户回者咸稟稱蓋州套有蓋州衛

指揮于棐彜收卸最為公平軍民均戴惟三犋牛赴
卸金州之糧見今堆垛海堐不下萬餘泊海守候者
不下二萬衹因彈壓無人以致艱難萬狀合無特委
文職正官速於金州三犋牛等處比照盖州厺委黄
同知事例特委府官一員到彼監督如一時人乏或
將黄同知移駐金州資其威望以為震叠庶萊州萬
姓不受偏累而軍需不悞之水濵
君命不委諸道路矣為此合關
貴道煩為速賜特委以便收卸施行
一關　海盖道
萬歷四十七年四月二十九日
海運摘鈔卷一

海運摘鈔卷二

十四

山東等處提刑按察司整飭登州海防總理海運兼管登萊兵巡屯田道副使陶　為仰遵
明旨酌議海運事宜懇乞
聖明俯賜採擇以安內地以重軍需事據委駐三犋牛管理收卸萊運遼糧千總尚進旗牌官叢希哲百户徐維新呈為糧船相繼到遼彼地收受頗緩懇乞再賜申明以信
明旨事照得萊州遼糧議至三犋牛交卸彼處運於金州倉收貯載在
明旨安有他易職等於初八日至三犋牛屢請文守

備委官至十二日文守備同掌印唐指揮并馬指揮
方至並無一車一牛止有調到旅順空船六隻意欲
剥於船内轉運盖套職與三官再三講説莱糧已至
守候日久請乞卸於海岸放船田莱以便二運不然
秋深風高有妨續運本官只以旅營船隻搬運為辭
於十三日本官又往復州掌印唐指揮并馬指揮俱
未前來職等於十三日未時奉到本道憲票及抄發
部覆疏稿隨又差人執帖前去復請二官看視遵守
去後藐若無聞黄同知又初九日往海州見道未回
無官可禀無人可交運官張顯武唬船一十四隻塘
頭船一隻并十三日運官杜學伸押到塘頭船八隻
十五日運官王詰逵船四隻俱各到三犋牛海口收

泊職等除一面具稟黄同知只得守候彼處委官交割但遼糧登萊急若星火而遼地視若罔聞倘再堅執由海剥運不肯收卸在岸各官但不敢輕聽剥運有誤各船在遼守候二運何資懇乞特行憲牌徑與黄同知及文守備始得早卸前糧以導明旨職等未敢擅便緣由具呈到道本日又據三犋牛差回捕盜陳世隆划兵陳得勝各稟稱三犋牛地方運到遼糧約有二萬餘石昨回來經過皇城島又有大糧船二十餘隻約載米豆七八千石今日亦可到三犋牛但自從役等渡遼到今未見有人收受今糧俱用蓆草苫蓋堆在堧邊聽候等因據此看得登萊之為海運船隻米豆一一皆無米之炊而由萊達

旅一帶其涉歷之艱難途徑之迂曲殆不可以名狀
故初時招船裝運皆裹足不敢入掉臂不相應迨誘
之以厚價許之以速卸而後有一二應募者職之初
意亦謂登萊既不難竭蹶以供遠左自不吝垂手而
援也今據尚進等所呈及陳世隆等所稟竊恐海中
無灣泊之處久候必有損傷海灘又潮濕之區久堞
亦不免朽腐且運船水價有定多費時日衆必紛紛
告增船中人力有限分其半於海堧看守則操舟又
慮乏人糧在船者既苦於卸擔之無期糧在堧者亦
苦於田旋之無日嗷嗷多命誠屬堪憐望望遥天從
井何術若非
憲檄戒嚴俾之急公趨事恐二三萬之軍需將盡歸

之海若而數千人之性命終當問諸水濱耳近接海
盖道關文謂盖州套收卸登糧委有黃同知在彼監
督而登船之從盖套還者亦無不頌今年收受之有
法彈壓之得人合無俯念登萊事同一體金州收卸
亦照盖州事例專委賢能郡佐如黃同知者一員前
往督率料理庶民命與軍需兩有造矣本道未敢擅
專擬合呈
請為此今將前項緣由理合具呈伏乞
照詳施行
一呈　總督遼餉部院
萬歷四十七年五月初三日
十五

欽差整飭登州海防總理海運兼管登萊兵巡屯田
道山東等處提刑按察司副使陶　為私盜
皇糧事據管理收卸萊運遼糧千總尚進旗牌官叢
希哲百户徐維新連名具揭稟稱有運官杜學仲已
到船隻未經交卸利行遼地委官任意私盤官糧所
盤過餘米盡行私糶職等訪得糶米之信五月十一
日隨差家丁時懷忠葛汝龍翻至遼民劉聞家有小
米二袋隨捉獲糶米遼人王子友口稱糶到運官杜
學仲下塘頭船户傅田看糧夫楊茂才小米八斗每
斗得價銀四分共銀三錢二分兩家對質糶買俱係
真情審問間本日又差家丁王廷試前赴運官杜學
仲歇處查驗私藏小米二袋約有二石其捉獲犯人

俱送金州捕盜指揮張良輔審問理合預禀裁奪以
待卸完本官米豆另文呈報等情揭禀到道據此為
照登萊轉餉胼胝拮拮迺軍
國重務戰士急需杜學伸身為運官不思萬姓脂膏
顆粒為重乃敢盜賣八斗得價三錢二分及歇處私
藏小米二袋贓跡有據罪不容誅若非重懲示警恐
轉相效尤如杜學伸者當無量也擬合移會為此合
行移關
貴道煩將運糧到遼違法運官杜學伸就便提鞫祈
賜重處以警將來運務相關登遼事同一體幸勿以
隔屬寬貸深感同舟至誼仍希由回照施行須至關
者

一關　海盖道　一牌行萊州府

萬歷四十七年五月十八日

十六

山東等處提刑按察司整飭登州海防總理海運兼

管登萊兵巡屯田道副使陶　為請明遼糧交卸之

法以免遲誤事萬歷四十七年五月十二日蒙

欽差總督遼東糧餉户部右侍郎兼都察院右僉都

御史李　批據整飭金復海盖兵備屯田兼管苑馬

寺事山東按察司副使康　呈本年四月初六日蒙

欽差巡撫遼東地方贊理軍務兼管備倭都察院右

僉都御史周　案驗准

户部咨山東清吏司案呈奉

本部送准
山東巡撫李　咨前事備仰本道案內開稱看得海
運投受一節海蓋道所議馬騾接運固是但日運無
多而且羈絆東省船隻有誤續運無如海防道所議
糧到即寄金蓋城厫自為酌運遼陽以便空船駕回
接續飛運今之夏秋而十五六萬俱可至遠天時人
事兩無阻滯庶海運得効接濟之力亦不蹈去年之
轍誠為彼此便計也即將海運糧米欲寄金蓋城厫
自為酌運遼陽事宜作速酌議停妥馳報以憑咨覆
施行蒙此卷查先該本道呈議置買馬騾馱運緣由
俱蒙
四院批允如議行繳遵行間隨據海蓋二衛續買到

馬騾過驗每匹頭價銀六七兩不等然皆瘦弱不堪
責以馱運其將能乎本道即將原買到馬騾退還本
主另議買牛五百隻買車二百五十輛每牛一隻價
銀三兩每車一輛并繩索價銀七錢以二牛駕一車
即以二步軍押之共用步軍五百名查盖州步軍一
百名金復營步軍三百名熊岳土兵一百名其金復
盖軍餉最薄每月止食銀二錢五分委不足用應量
加銀五錢五分每月餉銀八錢土兵原無工食每月
一體照給銀八錢每牛一隻每日草料銀三分每月
共銀九錢自盖州套至遼陽計程二百七十里每十
日一運每車載米八石每運可載米豆二千石一月
三運可載米豆六千石以上價銀并議加工食俱於

新餉動支計牛車之價倍減於馬騾而運數之多且三倍之事惟期於克濟法無嫌於更張除已買牛車赴盖州套盤剝業已呈詳

四院外蒙

撫院批牛車之價減於馬騾而運數之多不啻倍之該道所云事惟期於克濟法無嫌於更張是也如議行仍候

各院詳行繳又蒙

欽差經畧遼東等處軍務都察院右都御史兼兵部左侍郎楊　批見買牛車照議運輸倘有不足再行酌議繳又蒙

巡按山東兼監軍監察御史陳　批車運既便且不

費民力如議行仍候
經畧軍門撫院詳行繳但
軍門未蒙詳示蒙此隨行各衛置牛車十分已完八
九先將買完牛車此時催赴海盖套灣船海口處所
將船載米豆隨卸隨收轉發車運遼陽軍前支用外
今據金州守備文濟武呈為仰遵
明旨酌議海運事宜懇乞
聖明俯賜採擇以安内地以重軍需事呈蒙本道案
驗蒙
經畧撫院案驗准
山東督撫軍門李咨前事備行卑職案查登州海
防道呈登州府額該遼鎮銀一萬七千四十五兩五

錢零該運糧二萬七千九百四十三石五斗一升四合六勺自登開洋運至盖州套交卸萊州府額該遠鎮銀二萬四千五百五兩四分零該運糧三萬六千八百石二斗五升自萊開洋運至三犋牛交卸等因蒙此遵依查得三犋牛在金州城東南一十八里若萊船至三犋牛剥運盖套必轉回大洋西南亦由鐵山羊頭凹方至盖套下卸仍查萊州水路與其東北至三犋牛遠程莫若自萊州水路西北至羊頭凹徑抵盖套為順便也尤可慮者金復原無大船止沿海漁船長不及丈餘且無棚桅豈敢撑駕伏望老爺俯准萊船向西北由羊頭凹徑抵盖套下卸實為至便如謂萊船遠似登船則可量加脚價若到三犋牛復

轉羊頭凹不惟風汛不一抑且船隻難繼船既不敷
必由陸地載運金州之民已屬萬苦再加轉輸不堪
之狀又可勝言為此今將登萊水程順逆畫圖呈請
緣由呈詳
撫院蒙批仰海蓋道速查報以便咨復東省又蒙
經畧楊　批該金州守備文濟武呈同前事蒙批仰
海蓋道查報蒙此為照東省以遼餉之故拮据海運
備極苦心該海防道議以登船至蓋州套萊船至三
惧牛蓋以酌道里之遠近以為交卸之所於計最便
又恐金蓋卸運稽遲復議登萊船到即收於金蓋城
廒以回空續運於計又便本道以東省誼切同舟多
方料理餉苟至遠業已完東省之局蓋州套遼也三

犋牛亦遠也餉已至遠在遠又當自為計盖州套可接運也三犋牛亦可接運也本道所以不敢强萊船以必至盖套者意以此耳今守備文濟武議以萊船由羊頭凹直抵盖套一揚帆之便經行無礙且金州無船必須陸輓地方之苦即不敢言勢倘誤於軍需併東省急隣之美意亦無所終矣夫商船之所以熙攘而來者以規利也今若增以脚價彼既不難於至金亦何難於至盖一船之便省一番盤剥之費一水之便省一番陸輓之費非本道之敢居遠於逸而强東省以勞也盖事機之會有不得不然者耳該道義既急於勤王謀必周於遠左籌畫既已煩乎前箸城府必不設於此疆合無請乞

本院行令該管海運官員將登萊運船俱至盖州套
下卸其於大軍之餉庶克有濟乎緣由
具呈
經畧楊　詳批仰候
撫院詳行繳又蒙
撫院周　詳批登萊船俱至盖州套卸載於事甚肯
但增脚價人自樂從仰徑呈
餉院候詳行繳等因呈蒙
本部院李　批仰登州海防道速議妥報蒙此該本
道查看得東人為遠運餉其艱苦萬狀業已歷盡何
斬萊糧到盖之一程哉良以盖州套窄小淺灘形如
半碗而碗口礁崄峙勢同攢劍必小船方可進入而

所泊僅可廿數隻又必堅厚小船方可冒險而入而一入之後水退撞礁滲漏可虞今船必藉之淮上大者千石小者亦數百石可入蓋州套乎即雇有塘頭寨及霑化利津等船皆釘稀板薄沿涯捕魚之舴艋也可當此撞激乎蓋套窄隘難容可令兩郡之船盡泊入此内乎況所謂登糧止二萬七千有零萊糧止三萬六千有零者此舊歲餉遼之數也今奉
旨運十萬爲率而職今運發到遼者已十一萬四千有零矣以船計之不下五百餘隻而可令盡入於杯水淺灘之蓋州套乎又況近日交糧苦楚萬端萊糧今在三犋牛者不下三萬餘石而收入倉厫者止七十石又尚寄在倉之外未收入於倉之内餘者守候

海中船榜相磕損漏接踵彼三犋牛之泥底深灘者猶如是而欲驅而入之岭岈攢劍之蓋州套其不付之波斯之腹者幾希矣去年運糧已苦入套之誠難今年交糧尤見入套之匪易故前日之議令登糧忍死而入蓋套萊糧分路而之三犋牛亦不得已耳今若欲盡入蓋套則淮船重大盡應咨還淮院塘頭利霑等船釘稀板薄悉應退還故處船隻從此乏矣又須度蓋套之所容以酌萊糧之所運一年除登糧而外萊州僅可運萬餘石庶不擠出套外稍避風波則額數從此缺矣遼左而能洞此情形不以十萬之數繩職則萊糧并入蓋州套不但遼人省搬運之煩而萊人亦免本色之徵誠彼此兩便之策

也如其不然則併入蓋套之説斷乎難行而三犋牛見今有糧而不收亦斷乎不敢再往矣查有北信口一途自萊州所屬海口開至廟島至鼉磯島至皇城島至雙島至宗島又三百餘里至北信口此口稍寛可容船百餘隻而泥底無礁可以避風從此陸路至復州不過三十里將萊糧卸入復州倉最便他日若欲剥至蓋州套亦止水路二百五十里是水路兩便之處也然而至北信口則水脚價每石須量為加增但自宗島至北信之三百里礁淺不常船户非所樂從又當設法招誘以完此局耳第查萊糧見泊三犋牛矣而文守備又令回泊旅順則往迴反覆海上之時日愈長萊糧又有堆三犋牛堆上者矣而文守備

又令仍盤入船候詳發落則搬剥再三糧船之回旋
無日倘今次議有北信口之説職欲令在船者前往
北信而復州又以前議三犋牛交卸為拒欲令在岸
者且交三犋牛而金州又以今議北信口交卸為拒
則進退維谷損傷不免遠人又得執損傷而議其後
職之竭力以事大國者計亦窮矣而職又有説焉登
糧至盖州套為途頗險而船户俱各願往則因黄同
知之在盖而殫壓有法委用得人速卸速回各船止
防在途之失誤而不復慮到岸之損傷萊糧至三犋
牛為途頗坦而運官船户無不疾首蹙額百方躲避
而船之已泊而懼傷糧之已到而懼損者亦不可勝
言則信乎莫急於用人而海路之險夷又非所計也

幸賴海盖道戮力同心務求兩便遠地之刁難必究萊人之弊竇畢釐運事未至於大壞然黄同知以一人之身奔走於金盖兩地不惟勞瘁可念抑且精神不專合無以盖州套登糧仍委同知黄宗周督收而以北信口萊糧另委賢能如黄宗周者專理庶彈壓有人鬼蜮知所忌憚而運舶不致望洋此又萬分危急之情也伏惟

本部院鑒裁本道未敢擅便擬合呈請為此今將前項緣由理合具呈伏乞

照詳施行

一呈總督遼餉部院

萬歷四十七年五月十九日

十七

山東等處提刑按察司整飭登州海防總理海運兼管登萊兵巡屯田道副使陶　為海運事據管理收卸萊運遼糧千總尚進旗牌官叢希哲呈稱萬歷四十七年五月初二日准守備遼東金復等處地方兼管旅順營武進士都指揮使文濟武手本本年五月初一日蒙整飭金復海蓋兵備屯田兼管苑馬寺事山東按察司副使康　案驗前事備行本府據海防廳呈稱竊照山東登萊運餉去年原議總卸蓋州套近蒙改議登船運至蓋州卸萊船運至金州三犋牛卸蓋為萊船至三犋牛取其有便於萊不似登州至旅順之必由廟島皇城等處而後抵岸也職謬任海

冣且王臣王事勞怨俱任何說之辭已經分委指揮張良輔馬建德周新命胡宗寅收受矣及職親詣旅順並三犋牛查閱灣船海口三犋牛在金州城東南二十里許相距旅順二百里且地方曠野並無官民房屋可以積貯不若旅順之見有官倉空閑及詢萊船來路亦必由廟島皇城等處歷旅順轉東北而後至三犋牛則萊船水道較登反多二百里之勞矣遠人又自三犋牛剥運至旅順復轉西北而後至蓋套則萊人與遠人又另多三百里風濤之苦此猶其小者也自旅順至三犋牛一帶海山險惡運道梗塞未必海若効靈本年四月初三日萊州運船三隻湊遇狂風三日不止舟成虀粉糧為烏有初運若此後運

安保無虞或更加甚亦難逆料錢糧重務誰任其咎耶此三犋牛之運不惟不便於遠而且不便於萊矣及查萊糧應至三犋牛者五萬餘石據議每船三十石計船應用一千六百六十餘隻數難總得必事陸續轉運又虞大兵嗷嗷庚癸足慮如用遠漁船則大者多不過三十石小者僅容十石寥寥數隻尚不滿二三十之數終歲轉運亦難接濟況上無蓬桅以備風雨縫無油灰以敵波濤止共捕魚之需難充載米之用為數不多搜調良苦且今入夏將半自此以至十月不過半載日期入冬風高浪險海舟不行必欲藉此以足軍需必不得之數也為今之計合無俯將萊州運船量里遠近加增脚價徑由旅順西洋運至

盖州套可省盤剥不貲之費實為大便若以成議難更不如就旅順交卸可省萊船往返四百里之勞亦可省遠船盤剥折轉之苦第遠船為數甚少再查周都司兵船設防鎮江見今灣泊江上無甚急用應責照山東所議脚價盡數給發調赴旅順口剥運盖州套則以近就近策無便於此者等情具呈緣由到道

據此除呈

四院照詳外為此案行本府即便會同海防廳如萊船經由旅順接運盖套彼此兩便可行文於三犋牛委官速赴旅順收受轉運彼此俱便毋得違錯未便抄案依准呈來等因備會職等煩將萊船運到米豆徑由旅順收受轉運彼此兩便仍將遵行原由希文

回復以憑轉報施行准此本月初三日又蒙海蓋兵
備道憲票同前事據海防廳呈議萊船由旅順接運
蓋州套下卸剝運緣由到道據此看得該廳所議甚
便除呈
四院外票仰本官照票事理即查萊船果否經由旅
順如旅順果係便道即移至旅順交卸接運彼此兩
便俱毋違錯蒙此案查本年四月二十六日准委官
金州衛軍政兼管局捕指揮使張良輔手本為急請
多餉以濟危遠事四月十七日蒙金復文守備牌蒙
海蓋兵備道副使康　案驗蒙
巡按山東監察御史陳　案驗准
欽差山東巡撫李　手本前事備行本府牌行本局

即將所屬臨城甲分排車差人拘調赴三犋牛搬運萊州府運到米石赴金州倉官攢高以成張恩收貯仍將搬運米豆數目呈報等因到局隨即一面分頭差人拘調排車一面傳令本衛倉官高以成等打掃倉厫收受車運米豆本局仍赴三犋牛灣船處所眼同委官尚進等逐一下卸與排車運至本城倉高以成照數收貯本官因見無耗又無利息抗拗不肯收受本局即欲申明至本月二十四日又蒙海防黃同知票亦為仰遵

明旨酌議海運等事蒙本道批據本府呈前事蒙此牌仰本局即將萊船所運米豆到三犋牛即行暫卸金州倉隨令撥運蓋州套交卸看守俱要慎防本局

遵守即會同指揮馬建德仍赴三犋牛將運萊米豆
盤與排車運至在倉高以成等仍勒加收不遂硬執
坐視不理致坑排車務農萊船違限含寃無伸本局
亦係本城捕盜責任日督打造軍器至晚巡邏防守
倉庫錢糧及獄囚事務時無閑暇其下卸米豆併拘
調排車顧在該衛掌印官料理事務原非本局干涉
以將前由於本月二十四日除呈本道并海防府詳
行外為此合用手本等因備會到職依文查照手本
內事理另文轉達施行准此遵候批示間於五月初
三日面會張良輔親見前詳蒙海防黄同知詳批排
車已行該衛催趲收貯倉厫已行倉官速為收受勿
得留難仰本官用心料理萊船隨到隨收不許稽遲

此繳隨抄粘在卷蒙此該職等查得萊運糧船一運
官張顯武二運官杜學伸三運官王誥四運官秦邦
賢各相繼到三犋牛先後不等守候將及一月共卸
過糧一千五百餘石各船鱗集海中風波可虞且海
口寬濶遇颶重載大舟人人懷懼既委之倉官而倉
官堅拒不收卸之海岸而又車牛不至東省竭膏之
物冒千里之險始得到遠既得到遠而又望收無日
夏運不完憲行臬示運到不收是誰之咎二萬石之
舟拋繫海洋一有疎失又誰之咎如杜學伸下船户
崔永建五月初三日辰時潮落擱傷船底水入米濕
除候本官徑申憲示另查外而各船守候日久風波
叵測日夜難防況今已到船隻而又有更易地方之

説豈是二三卑微下使可得而議也除一面多方懇
求就地收受擬合先行呈詳伏乞裁定施行緣由具
呈到道據此除遼欲萊糧亦至盖套交卸者奉有專
批查議另詳外為照登萊轉餉胼胝拮据日夜兢兢
惟恐不得達遼上違
明旨下干遼讉詎意既得達遼而遼人不肯收也初
據尚進等報到之日計萊糧之抵三犋牛者無慮二
萬今為時已久到者又二萬餘矣始也但見收糧之
官未見剥糧之具與貯糧之所既也聞有貯糧之處
與剥糧之具而不收糧之官其初尚准三犋牛交卸
之議也則曰排車之難覔也船隻之缺乏也迨後為
日之愈久也則曰三犋牛交卸之不便也上司議詳

之未報也至於今而運到之糧且雲集而收受之人乃星散矣海中非久安之處波濤非貯積之場守候月餘望門無訴必待船隻損傷舟人鼓譟而後以詳請蓋套之文塞之遠計得矣萊糧何辜職初未聞此說處以無心故奉批覆議之時即議改於北信口交卸謂茍可濟遠之急何惜海路之艱今觀此時勢船到三犋牛交收之議經幾翻覆妥而准行者尚拒而不收令若驟移於北信口出自近議則委官未定車輛未備倉厫未掃人力未齊尤得執之有名者安見北信口之便於三犋牛哉為今之計莫若
憲檄申嚴糧在三犋牛者或加添車輛速運入倉或准堆海堆眼同盤受速出實收俾船得再運人得早

還糧得不傷軍得食餉為菉為遠彼此兩便自此之
後或遠可不須此糧徑令免運或遠議尚須運糧即
令續運者抵北信口而一面先令遠官於北信口復
州倉預備候收庶
君命不委諸草莽而運官亦不苦於投穽矣至於委
用之人尤關軍
國命脈職前詳已悉統候
台裁今不敢再塵清聽也緣係乞請
憲命收卸遼銀事理本道未敢擅便擬合呈請為此
今將前項緣由理合具呈伏乞
照詳施行
一呈 總督遼餉部院

萬歷四十七年五月二十日

十八

欽差專督遼餉戶部右侍郎兼都察院右僉都御史

李一本為條議餉務事宜懇乞

聖明俯賜採擇以安邊計事

簡任程能揣分萬萬難堪今值疆場告急上屢

聖衷義不敢稽勉赴到任隨奉

勅命臣於遼東天津水陸適中處所往來措運

陛辭之日心切飲氷至於餉務一節在

廷諸臣條議已悉臣祇虞行之未效其何能別出他

籌伏煩

聖聽惟是法當創始不得不假

功令以激人心事貴預圖不得不講綢繆以為先備理財之道必先於用人攘外之圖必先於安内成大事者必不過靳於小費濟急用者必不盡拘於文法臣謹抒有愚衷列款上

請伏乞

皇上

勅下户部及事關吏兵之部者并行酌議其可行者伏請施行其未盡者不妨續陳更乞

天語叮嚀在事臣工協力同心總以濟遠為急策求畢舉政在必行當此披髮纓冠之時不致臨渴掘井之嘆臣具仰藉

廟謨免於隕越則疆埸幸甚臣愚幸甚

計開

一登萊海運二年之間行之已有成緒但船隻尚少相應行山東各府沿海州縣查見在漁船優值雇募今淮上淮發船五十隻有言沙船可募尤便於海者應行彼中查議近有遠商匡廷佐願造遠船依式廣造計可足用准行該布政司及該道即於新餉銀内或聽民間上納本色或廣行召買以備陸續運發之用伏候

聖裁

一

國初海運及東征舊例皆以天下人力為海運也今

止以登萊二府行之物力無多船隻又少風
波不常約每歲一萬石已爲殫竭此外實難
多運如必責以多運則須照先年征倭事例
兩次造船動户部銀八萬五千五百兩俱於
解部京庫馬價料銀留用於淮安造船今當
酌留量造似不可緩若沙船可用則移其值
以雇沙船仍截留見年漕糧十萬石於淮安
倉行淮揚雇慣習海船兵夫商民人等每船
須用善辨風雲海氣夫一人用舵工水夫若
干名每船幾隻該立哨官幾員把總幾員以
爲管理由淮安駕至登州由登達遼雖此時
無人然當預圖來歲之計亟爲講求者也如

遼事底寍則船或改兵船或可變價而漕糧亦可抵下年坐派本倉之數伏候

聖裁

一海運可開而不可恃也陸運難而可計程海運速而不能計程也陸運雖有稽遲其糧無失而海運不能保其無失也陸運勞民力而海運用民命也陸運四季可行而海運惟可行於春夏也每歲漕河有漂損況在海洋而可常恃乎今除登萊海運外議於天津倉截可留見年漕糧十萬石由海岸以達永平盖此一路該在臣向年管餉密雲及在部司親見其行去年按臣建議行之已有成效近聞

尚可行至山海出關則有遼東撫臣
請造牛車可為接運又有駱駝載運之議更為簡便
科臣疏中亦曾及之蓋一駱駝所負三倍于
馬驢而一駱駝止食一馬驢之糧若喂養得
人擺撥遞運事省功倍相應一併酌議運發
以佐登萊海運之阻以及秋冬風厲海不能
行則此一途安得不為預計之策哉如東事
底寧則截留之糧可抵下年本倉之數而牛
車責令變價駱駝分散各營俱為便益伏候
聖裁
一本色之難兌如草色為第一義若責海運臣
已目擊其艱前疏具悉此際應行薊永餉司

多方召買以備急需當此青草方茂之時仍宜差司官一員解銀赴遼會同遼東餉司各道多方收買草束以為秋計蓋此時草茂之際馬不患其無食各軍狃於目前之易而不思秋致草之難又遼左缺乏之極若解銀買草未免那為別用非另差一官專買草束則勢必遲緩臣在部商議再四叮嚀多一官之差而不可不為草束之長計也伏候

聖裁

一遼之警海運則登萊陸運則薊永而調發經過薊永為甚此二地之凋瘵極矣前者東方海運之議一下民間船隻逃避殆盡後以官

運召募商民出示曉諭人方樂從今薊永府
關以及遼左關外之軍若用民運則民間為
一車驢之費盡其骨何以堪之茲遼東撫臣
所議牛車及近議駱駝載運之法正可倣行
于關内運需此法一行不得以車馱之費苦
累民間者地方自有一定之法令在矣蓋寬
薊永登萊之民力俾安内以距外尤目前之
良圖也伏候

聖裁

一官運有限民運無窮民間有能自由海上或
由山海關運官糧赴遼計水陸脚費若干水
至海蓋道陸至遼陽道運到之日即刻收受

取有實收准照見開事例准其納官納監其自備糧草赴遠者通計價值脚費開納仍念水陸跋涉比照在京納銀事例量減若干之數以恤其勞若商民經由海上糴買者應於登州海盖二道告給文引聽其自行資買但利之所在民方樂從其糧不乏外登州除帶硝黃銅鐵違左除人參貂皮外俱許量帶貨物任從民便仍聽二道彼此給單以防奸僞

伏候

聖裁

一凡海運陸運委官商民人等計其勞苦運過若干之數或

題加文武職銜勞勩多者咨行吏兵二部即與實授
職官管事方肯効力以次或給與冠帶或重
加賞賚其有攬水私盜等弊照漕運例從重
議處以示激勸伏候
聖裁
一海運抵金盖地方定收管官一員俱聽彼中
查行酌議責令專收受此外不得復行別委
即於金盖二州附近倉厫暫貯另聽接運其
船隻速回還庶便再運大率海運抵岸即給
實收陸運到倉即給實收毋得躭延守候以
資脚費其民間自運者尤要量從寬恤以示
招徠伏候

聖裁
一海禁既開當行遼東海蓋山東登萊南直淮揚等處兵道將領等官嚴行添兵巡哨防範伏候
聖裁
一海運之行屢議屢格今一旦而行之無弊者皆副使陶朗先先任登州府召商於遼以濟登之荒故今日以濟登者轉而濟遼本官實心任事一力擔當調劑民情拮据海上外既實遼内又見德其濟世之才臣所心服查本官原居卓異之科近又陪推參政若蒙准以加銜任事俾得盡心海運終始其事庶底成績

事完之日另行優叙伏候
聖裁
一登州道加有專管海運職銜故能一心料理
今遼東薊永天津淮揚各道俱宜膺管理餉
務之職庶便責成事完之日俱行優叙其凡
由海由陸州縣俱聽吏部相與各該撫按遴
選賢能銓補或為更調俾在在得才則事無
不集矣伏候
聖裁
一遼兵見存若干召用遼兵若干在外調遣召
募若干伏乞
皇上速

允閲視科臣并行總督經畧撫臣總酌一大約之數
庶便總計一歲之費若干以為處辦蓋各兵
一募之後月月有支非旦夕可辦當此匱乏
之際錢糧皆多方議處尚不能得其全非預
計于半年之前無以為卒歲之計也伏候
聖裁
一各省直新派地畝及搜括錢糧文到俱限先
解一半俱其餘聽戶部定一限期盡數解完
遲者將州縣職官照見行事例撫按具參以
憑覆
請蓋事在燃眉外有剝膚之釁内有脫巾之虞内外
臣子俱切同仇計不以尋常錢糧相視也伏

候

聖裁

一天下事未有全利而無害又況當此倉卒告
急之秋乎如今官帑之窮民力之殫不待言
矣海運之難風礁不測陸運之難車馬道路
此其情景豈不咸知若使遠左有自足之策
則相安無事何故為此强民以所不堪哉今
勢在匪茹事須曲處如利九而害一則當計
利而行其間一二阻隔之事于中加意調停
以救其苦而體其情蓋人情任事正於其難
民力孔艱易於見德遠兵不可已則餉不可
已餉不可已則運不可已運不可已當此之

際百爾有司應當共濟其難不宜委其難以
求上不病
國下不病民為兩利之策者正錯盤自見之秋也計
地方在事諸臣自不惜薦剡以為破格之酬
矣伏候
聖裁
一遼左素稱魚米之鄉今奴酋暫退憨酋受賞
民間可以暫息正當盡力耕耨撫臣保元氣
一疏誠當今之急務矣至於本地召買所省
脚費視外不啻數倍即以外運之脚貲加值
於民民間必有應者但須文職官員躬親料
理升其價值從厚給與隨收隨發各與附近

倉口仍曲示優恤民間樂益又輸納者必有
其人仍一體獎賞則遼左未必無自足之策
矣伏候
聖裁
以上諸款皆諸臣所已言及臣在都城所備
加商詢者謹列十一款以
請倘登萊十萬之運已足則遼運亦可暫緩倘遼左
草束之牧自裕則關內亦可少停但兵馬之
募補方新而錢糧非猝辦可得如截留漕糧
造雇船隻設立牛車等項寔可備而不行不
可行而不備蓋備而不行則散之皆有用之
物行而不備則臨時無應猝之方皆臣所惓

惓望於共事諸臣者也若料臣錢法之議其
疏見在
御前不日
批發舉行又如開屯一節可為永久之計但各處事
體不同俟查明另
疏陳請此外計兵計餉容臣臨行酌議而行若兵餉
相符則
功令以催新餉自可足用倘兵浮於餉則設處之方
又在戶部與廷臣共事為從長計議也總之
上仗
皇上之
睿謨下賴諸臣之協力以天下之全力悉心圖之必

能裕京坻而壯金湯為
皇上紓此東顧之憂臣愚亦得仰藉成事以報簡任
之
恩矣無任懇祈惶悚之至

十九

山東等處提刑按察司整飭登州海防總理海運兼管登萊兵巡屯田道副使陶　為申明豆價以便開銷事據萊州府呈稱照得府屬近海州縣奉文徵收本色并動支新餉廣收黃黑二豆及收買商豆已運未運各數目秋後風高勢必停運例應造報計新舊遼餉之銀數糴買本色之多寡一年一報如多運之餉准算明年之數已經會關海防廳查議去後今准

本府海防同知鮑孟英關稱本廳蒙委督餉秋深停運例應造册查得本府六屬徵收本色原議豆價斛斗每石二錢膠州開徵已議二錢二分後因遠左望豆之急該州議買商豆每石價銀有二錢二分六毫九絲者有二錢三分四釐四毫八絲二忽七微五纖者而徵收本色則騰至二錢四分矣夫一州之豆有四價皆與原議之數不同若拘二錢憑何抵補查得原詳有日後騰貴又當因時制宜則貴賤因時似無容議但原詳二錢之價係一府通融乃今該州之價尚參差四樣或照四價開銷或計豆之多寡價之貴賤扣算畫一等因備關到府准此為照豆價每斛斗一石價銀二錢乃去冬原議之價自開徵糴買以來

即膠州一處有二錢二三分不等騰至二錢四分尚未定止一州如此別屬可類推也況近聞即墨民間貿易者每斛斗一石價銀且至二錢五分日後價湧尚難逆料若拘泥原定之價則錢糧溢數何憑抵補且萊糧新改北信口下卸每石又加水價二分合無請乞本道裁奪轉達俯准隨時增減通融計算或斟酌定價令其畫一可遵以便銷算以免臨時掣肘而餉遠不誤矣緣由具呈到道據此該本道看得糧價與時消長立法難以拘定原議豆價每石二錢者蓋因徵收本色之法行於客秋九月也于時百穀全登雜糧盈市故每石議價二錢耳其後民間糧食日漸賣費市集糧價日就騰湧故膠州之豆價自二錢騰

至二錢四分而猶未已也加之舊水脚價每石二錢八分五釐九毫及新添水脚二分則每石五錢四分五釐九毫矣萊屬如此登屬可以類推豆價如此米價可以類推而登州米價亦有騰至四錢一石者但未聞郡皆然耳又聞遼左因倉廒堆積將糧給散兵軍意其價即照登萊原價及今不為請明而候至停運之日則糧放將完無從銷算矣而時價陸續增添遼左陸續知會無論相隔路遥時刻急難速達而兵糧算價朝令夕更在遼亦屬未便也合無請乞

憲令通行遼左或遇給散兵糧目下姑從畫一不論登萊二府凡豆每石以五錢四分五釐九毫二微為則以示畫一俟秋深停運容職通融合算倘有盈餘

即行扣出另項收貯作爲遼左羨餘或在登萊買糧以抵還海上傷損之數或解銀到遼以協濟軍興買馬之需統候臨期另詳

本部院以聽裁奪如此庶此之糴者不患於時賠補之難彼之散者不患於銷算之不一矣本道未敢擅專擬合呈請爲此今將前項緣由理合具呈伏乞

照詳施行

一呈

總督遼餉部院

萬曆四十七年六月二十二日

二十

戶科給事中官　一本爲經畧赴官無日舉

朝催

請徒煩仰祈
聖明立
勅到任以暢輿情以紓危急事竊自奴酋匪茹三韓
失利舉
朝欲建楊鎬而請以熊廷弼為經畧章滿公車矣乃
啟事之會推已七十餘日而廷弼之
陛見亦浹月有奇顧銓臣
請不報樞臣
請不報閣臣
請不報言臣
請不報甚者以遼左之經臣撫臣
請而亦不報中外皇惑莫知其所出得毋

皇上以奴暫引避眉睫尚無恙耶獨不思造鉤梯造戰具田鄉人口業有傳聞犯撫順犯撫安經撫按臣又形奏牘微論轉盼秋高只此刻下神出鬼沒而偵探無人防禦無法奴之為奴可慮乎不可慮乎又得毋謂楊鎬在尚堪為地方驅除夷難耶夫鎬不聽撫臣道臣言以至一敗塗地人人切齒豈惟遼士卒軍民不能一日受鎬約束從鎬面孔亦何能一日施於遼士卒軍民之上跡其情窳不振委苶不揚如喬一琦挺身在高麗陣中與賊鏖戰數合殺戮多命而後斃如此凜凜生氣豈在劉綎杜松潘宗顏下而鎬無一言上告

君父以隆

卹典而鼓英風鎬之為鎬可恃乎不可恃乎又得毋
皇上疑廷弼文弱書生不足了此耶廷弼料敵十年
之前疏牘具在
聖明洞知乃若
皇上賜環廷弼聞報時方值家難不五日單騎就道
修途三千里躍馬長驅纔半月即抵遼鹿既
陛見則以溽暑奔馳之故身發惡毒廷弼口不言病
摩厲以須一疏再
疏特懇宣慰
勅印毅然欲赴此其一段英豪敢往之氣但令假以
便宜需以歲月目中豈有虜乎語曰軍中有一韓西
賊聞之心膽寒軍中有一范西賊聞之寒破膽

陛下何不遣廷弼令寒奴膽也且
陛下又得毋謂廷弼起自田間其初一直指使者而
遽加部銜為太驟耶不知等經畧耳以栢臺為銜則
建牙特守土之職而事柄稍輕以戎部為銜則仗鉞
司節制之尊而兵權獨重奴之狂逞非部銜無以肅
觀望遼之官軍非部銜無以嚴控馭李如楨沿途争
禮且在楊鎬衙門側鼓吹震地跋扈非常異時能睥
睨廷弼矧廷弼按遼時論李成梁十可斬李氏一門
視廷弼不啻仇讐又豈能降心以相從也而非部銜
決無以資彈壓故臣常慮如楨得肆遼必不安而
國家亦隨之矣
朝議之以部銜

請非為廷弼為
國家也而
皇上猶印刋弗予耶況乎若兵若餉必廷弼到而後
事有成謀議有畫一臣不知兵即知餉之一節除折
色在計曹料理倘加派不敷則有省直院司以下聽
各設法助邊之當議則有閩省上杭存留河稅尚堪
查解之當議則有宣府懷隆修工買米節省餘銀除
上歲擅無加派外尚有剩存仍堪酌解之當議則有
輸貲助餉若勳卿吳炯若郡守木增若親藩
唐王
潘王若中書儒臨等所輸之當議此其區處雖在計
曹而獨是本色最為吃緊陸輓則脚價需數倍之多

而沿途受驛騷之苦水輸則登萊之額賦有限而海
船之成造無期借漕則枵京軍之腹以實邊而取數
恐難於太多遣糴則罄農夫之收以飽軍而遠粟漸
苦於彌貴凡此皆須廷弼到任與督餉大臣李長庚
往復商榷事事求妥即如長庚為臣言山東道臣陶
朗先以海運一事拮据不遺餘力當作何優異酬勞
以堅任事之苦心山東舊道臣楊述程能造戰車及
運糧車精工省費又火藥地雷皆能精造近遷他省
作何更調近地以資邊才之謀畧諸如此類須假印
信文移商之督撫及撫按諸臣或合
疏或單
疏題

請非廷弼到彼地方踐其位而履其事顧安能得當
而愉快乎且廷弼未到而星夜赴遼業屢
天語之叮嚀即廷弼久到而發票批紅正慰人心之
盼望乃頃復寂然則始何以敦趣後何以延緩昨何
以批發今又何以留中也人言
陛下遼急與急遼緩與緩臣謂遼事自急獨
陛下緩耳
陛下但用廷弼臣揣廷弼一出
都門遼左氣色自別一出關氣色又自別一抵遼而
遼之氣色且非昔日之比
陛下信篤任專一切戰守機宜廷弼可自為者恣所
為之而不之問應奏

請者隨
請隨
報議事之臣亦復靜聽徐觀毋令中制毋令旁撓從
此遠事必有一段可觀者夫漢有三傑而用項羽有
一范增而不能用興亡之機豈不以人哉惟
陛下裁察速斷遣廷弼立刻起行毋徒頓挫之羈縻
之而令以病坐困郎中也遠左幸甚臣愚幸甚

二十一

山東等處提刑按察司整飭登州海防總理海運兼
管登萊兵巡屯田道副使陶　為仰遵
明旨酌議海運事宜懇乞
聖明俯賜採擇以安內地以重軍需事據萊州府海

防同知鮑孟英呈稱行據海州申稱案查船戶李應
芳等海船十隻赴運外又續募海船十四隻催督修
艌置備器具付給批照俱於四月十七日開行其曹
希聖汪元標二船本州報　院在前被即墨拿獲見
運已領脚價以作本州之數等情報職據此查得曹
希聖汪元標船隻係劉經歷等所雇各船領有水脚
至今未到該州申稱希聖元標之船被即墨縣拿獲
今查即墨所封之船雖有梢工楊應魁船戶係曹希
聖但一人常有數船如俞通糜梓之類是也若以封
船即抵雇船則船益不足用矣況即墨封雇船內並
無汪元標之名顯屬假冒並前張玘駱墳不來而指
膠州所封楊贊周貴二船即玘墳之船希圖抵數所

當差提以濟急用等因呈蒙本道詳批淮安船户一
户常有十數船彼地雇者自雇此中封者自封兩不
相涉也若以登萊之封雇者抵作淮送之數則登萊
又當退船以還淮矣有是理乎該廳速行知會添快
迎押並罪冒認之人報繳蒙此遵照批示備行海州
知會並差快手張成廉前往迎押去後今據該州申
稱查得本州船隻載册俱係船户的名駕船不係船
户親身俱各雇覔梢工領駕因其熟知水性一切攬
載裝卸皆自梢工出名如駱埙一船付周貴張玘一
船付楊賛委無别情又查曹希聖一船本州申報在
前續被即墨縣拿獲已經裝運米豆找支水脚備查
希聖委果止有一船惟是汪元標一船探頭載册原

係九尺後因失風改造一丈一尺付梢工王蛟即黃蛟領駕名同船異事實有因原在淮安領過定銀三十五兩未曾扣除梢水復又在即墨重領一船兩脚難以開銷隨押令元標另雇一船嚴督修完交付張成廉闞押聽運等因到職隨將汪元標發把總張天盛裝運商豆外為照海州船户曹希聖駱堉張玘汪元標四船俱在淮安府定雇者原與膠即封雇船户楊應魁周貴楊贊兩不相涉已遵奉批示差人嚴行該州催提而該州回稱楊應魁之船即係曹希聖之船周貴之船即係駱堉之船楊贊之船即係張玘之船止將汪元標一船解來而其餘三船以抵膠即封雇之數矣但係隔省異府相去往回二千餘里難以

追求等情具呈前來該本道詳批各人自有各名各
戶自有各船今將在山東封雇者即以某人即某人
則准上不必咨送船隻只將本道前雇者抵數而有
餘矣奸豪船戶敢於舞弄人如此本道即欲中止其
如為鬼揶揄貽笑海內何仰萊州府移關淮府先將
船戶解道轉解　督餉部院軍法處分船隻候人到
日押拿裝運此繳除批行萊州府移關淮安府嚴拿
押解外案照萬歷四十七年三月二十四日蒙
欽差巡撫山東等處地方督理營田提督軍務都察
院右副都御史李　案驗本年三月二十日准
欽差總督漕運提督軍務巡撫鳳陽等處地方兼理
海防戶部左侍郎加正二品服俸兼都察院右僉都

御史王　咨　仰道即將募發來淮船照數查收隨到
速令裝載米豆開洋起行仍將押運員役起程日期
並督發過糧石數目報院以憑咨報施行又蒙開註
募過海船三十一隻山陽縣船戶汪興等船十二隻
海州船戶張玘等船廿隻安東縣船戶朱官等船九
隻蒙此又據募船委官登州府照磨鄭士彥萊州衛
經歷劉一進等雇到廟灣船戶巴元亨等船十隻海
州船戶曹希聖等船十四隻通共海船五十五隻隨
到裝運呈報去後今據前因看得淮安船數也一家
何止數船一船並無數名如船戶巴元亨者一家有
四船則本道封其三而淮安咨其一矣如李自昇者
一家有二船則本道封其一而淮安咨其一矣他如

淮洛全無其名而登萊各封其船者如楊天和吳國輔等則一人四船而四船共一名也如沈從義糜梓等則一人三船而三船共一名也且俱本船戶出名攬裝客貨而本道封雇者並無令梢工出名攬載之例何獨張玘駱塤曹希聖乃令梢工出名乎且既係梢工出名矣當其在萊拿雇之日其梢工楊贊等何不即時應聲曰某係梢工不係船戶何又不曰某即船戶某人之梢工乎何封雇之日問何姓名止曰楊贊曰周貴曰楊應魁曰王蛟而直待拘拿張玘等於海州之時海州代為之應曰楊贊即張玘船梢工周貴即駱塤船梢工楊應魁即曹希聖船梢工王蛟即汪元標船梢工也此其支吾掩飾不待辯而自明者

況數内汪元標之船始稱無有而今者一時兩隻俱到矣又有劉應舉一船孫懿德二船此則淮咨開載其名而今乃杳無踪影矣又將何船而濟之耶至其他以小易大以舊抵新種種轉換更難枚舉本道惟祈足供一運而止不敢求多奈如張玘等之公然舞弄罔兩伎倆旁若無人有不覺令人髮上指而為情法之所難貸耳但事在隔屬難以追尋倘獲此數船且可裝糧數千若如近日海路無滯去而復回則兩運可完萬石所關於運務亦非眇小是以不得不控陳於

本部院之前也合候呈詳允日俯賜移咨轉達督漕

撫院著落該管原籍海州將船户張玘等逐名提發

裝運庶軍興有賴而奸猾不得遂其計矣緣係呈請
咨提船户事理本道未敢擅專擬合呈請為此今將
前項緣由理合具呈伏乞
照詳施行
一呈總督遼餉部院
萬歷四十七年六月二十四日
二十二
欽差專督遼餉户部右侍郎兼都察院右僉都御史
李一本為遼警益亟餉務難支懇乞
聖明合
宮府酌損益以濟燃眉以綿國計事臣本庸愚謬膺
餉務日者海陸運事具疏陳議月餘未蒙

俞發誠知疎漏無當
廟謨臣方踧踖待罪及接准本部咨稱每歲遼左本
色計餉約至六十餘萬臣慮一時措辦之難懼切飲
氷無何而開原告臨遼勢剥膚則遼餉燃眉矣夫所
謂餉者不過本折二款耳以言折色則加派地畝原
非獲已其已解發者十之二三其未至者計令全完
亦不足一歲之支舍此之外別難再求於民間矣以
言本色則漕糧根本重計議及截留已非完策此外
收納召買遼則登萊連年異祲之後物力易窮近則
薊永兵馬經過之煩皮骨向盡其計亦甚詘矣而運
道秖海陸二策耳陸則車馱責辦其脚費反倍於糧
海則風礁可虞非重募誰為用命二者之難俱若此

也臣竊伏思重賞之下必有勇夫若餉果足也何難
於兵海陸之間商賈經行不過逐熙攘之利耳若價
果厚何難於運而今太倉竭矣民力窮矣他如搜刮
捐助條議所及臣部自當次第議行但分而取之銖
計寸累動至經時合而用之十萬千金盡於一日臣
于計曹為司屬者一十三年濫叨此任又數月矣反
覆思維惟有内外
宮府之策可為通融而已臣查會計錄
國家每歲本折所入通計一千四百六十一萬有奇
入
内府者六百萬餘入太倉者除本色外折色銀兩止
四百萬餘耳其内

内府之六百萬如金花子粒而外餘皆絲綿絹疋蠟
茶顏料之用也
祖宗朝用度節省後漸有加派間准改折以為濟邊
今
皇上御極四十七年其節年所收陳積紅朽何俾於
用若以應解
内府本色改折一年發之外庫來歲仍解
内庫是在
内庫支舊節新不過通融於一歲之入而在外庫改
本為折可足用於數百萬之支在
皇上一轉移間也即如金花一項會計錄開係
國初折糧銀也原解南京武臣赴領常俸邊境緩急

亦有取給後改
内庫專供
御用當此邊烽告急失地陷師
宵旰隱憂宮中百務諒可節省若以一季之停緩便
可募數萬之精兵推此如陝西之羊絨江南之織造
等項稍停一年何損
上方之委積古者敝袴之出以待有功紫貂之御遠
賜將士在戰國有宋之君尚然況
皇上之追踪三代者乎又如各省之弓箭絃條軍器
等項臣歷外省目擊其造費虛糜且奸弁為弊累歲
未銷若盡改折色以修器械不尤可壯神器之實用
耶蓋天地生財止有此數以百姓之力取之甚難以

皇上之力節之甚易若計不出此則先無餉矣何以募兵兵即募矣而無餉以養脫巾之變立見也先無銀何以雇募舟車雇募不得而强民以運則揭竿之變立見也此必至之情非漫度之說也夫言及

内庫近於

皇上之所厭聞然連年天下之窮正以

内庫之實也若通融本折之數挹注内外之間所損者小所益者大矧

内庫外庫總

皇上之財攘外安内咸

公家之用兹虜勢匪茹連戰俱勝勢在剿虜計無他出令日暫改之外庫而天下安天下安而

內庫何患其不足臣望
皇上計其大者則小費不足惜也計其遠者則目前
何嫌出也臣佐民部專司軍餉外供不足而軍變責
在臣內徵太急而民變責在臣臣一官一身何足惜
而遠左之安係於兵兵力之足係於餉關係何如而
可緘默也耶及今發之似已為遲及今不發則有瑣
林大盈之往轍可鑒為此不憚瑣
瀆一面待罪一面待
命伏惟
聖明自為疆場為
宗社計也
本月二十二日奉

聖旨這所奏議留金花銀兩係舊例内供正額并在
京文武俸糧每年所進拖欠數多尚不敷應用如何
擅欲借留其絲絹蠟茶織造等項錢糧係上供賞賚
之需俱屬緊要時不可缺及各省直折價銀兩著照
舊如數解進應用既稱遼餉匱乏已有旨准將張燁
馬堂胡濱邱乘雲潘相征收分進内帑及解工部助
大工税銀暫解户部一年以充軍餉募兵之用各處
税銀已征在官未經解監及未徵的爾部便行文各
該撫按等官與同該監差官清查的數一併解部應
用不得再來瀆擾該部院知道

二十三

山東等處提刑按察司整飭登州海防總理海運兼

管登萊兵巡屯田道副使陶　爲急請多餉以濟危邊事案照先該户部覆准内稱近聞海防道副使陶備有糧十五六萬文到先爲起運務要刻期到彼庶三軍有賴等因又該本部議覆若登萊二府之銀用盡不妨量動别府之銀以償其值可也等因又奉

軍門李　案驗准

部咨文内云其運船一款必須咨行江北撫臣量借淮上兵船應用其脚價一節定從優厚或於本省遼餉内總行支募或照二十五六年舊案于三部解京銀兩内量行留用一二等因奉此遵行在卷爲照本道運糧將及二十萬石今轉盼秋分合當停運但一應運遼米豆雖部文稱有遼鎮銀支用其實登萊兩

府新舊遼鎮銀不能有如此之多也除糴買徵收俱
借動起存錢糧那濟目前統候停運之日合總清算
遵照近咨許留東省遼鎮銀作數外惟是
部文又有雇船脚價准照先年東征事例留用戶兵
工三部銀兩第未知三部之銀係何項銀兩有若干
數目即今用去脚價不貲俱係借動京運俱須立刻
抵解到京必將三部之銀扣抵一清而後可定留通
省應抵之數否則遼鎮加派彼中之望到急於雲霓
倘此地漫然多留不免致誤起解事干軍興有不容
含糊草率者擬合牒請為此今將前項緣由合牒
貴司煩為裁酌轉達并祈賜示施行
一牒　布政司

萬歷四十七年七月十九日

二十四

欽差專督遼餉戶部右侍郎兼都察院右僉都御史

李一本為遼餉燃眉再陳末議懇乞

聖明速賜允行以便責成以圖接濟事臣謬膺餉務日見開原一失遼事孔棘廷臣議兵議餉若欲嘔心所議之兵責臣部以餉也所議之餉責臣司其運也臣心危迫詎在諸臣之後該臣驅事之日遼餉本折尚未議定若干臣于條議前疏列款

請行臣計一歲兵馬大約之數以便計餉不意

俞旨久稽近接部咨方行計算則每歲本色約用六十餘萬而馬匹之用有謂芻豆更需三十餘萬二項

共及百萬而目前見運者一登萊耳登萊之運雖議
自去歲而實于今春始力主行之惟時計二府遼餉
額數物力止於十萬茲准部議增為二十萬臣咨行
山東撫臣于濟青近海地方均為協濟且議量動倉
穀以廣其數矣然亦止此一方也臣疏
請截漕淮上十萬今日久而漕船將盡部咨量截二
萬慮且無及矣疏
請截漕天津十萬原由天津運至永平起陸出關今
議者咸謂陸運煩費為難行矣有言沿海北岸可逕
達遼海者行委查勘稱其風礁甚惡不敢輕試矣臣
伏以厚值雇募漁船行天津道委鎮撫譚宗仁百戶
梅守成等并行永平道委差覆探若探得其道則軍

國之福也所省實多若北岸道不可得則天津十萬之糧必由南岸抵登萊以達旅順海程遥遠脚費不啻數倍極難措處又如部行薊永二鎮召買糧料每以地窄民貧求減縱使買如其數而北岸不可行則薊永之糧亦無蹬翼以達於關外也夫運祗海陸二策耳海道抵南岸則淮揚登萊北岸則天津永平耳除登州一處之外餘處未有定議文移往返十不應一及其應者動至經月如此則百萬之糧將何飛渡臣與念及此食不下咽秋深風厲時日迫矣臣於海道且不及勘明文移亦不及覆議矣謹先議目前濟亟之策并及大開海運之策所謂目前之策除登萊報過千總黄储恩等運發一十一萬餘石仍行山東

撫臣備行司道于近海州縣多納本色數十萬廣為
運計而登萊止有漁船合用船隻定催淮上部議截
漕二萬于淮應行總漕衙門轉行徐淮司道多方雇
發價值從優若沙船可募則或納本色或行召買以
半運淮糧半運登糧達於旅順尤為兩便其天津十
萬之糧有天津餉司道臣同心任事酌量南北二岸
可行者行之但南岸甚遠北岸甚險須厚其雇值許
以帶貨則應募者方多至於薊永召買之數北岸可
行自當俱從海運無疑矣聞北岸有芝蔴灣為征倭
曾行之道已經行道覆查求其可達第九月以後海
不可行而草束尤為喫緊關外有撫臣設立牛車關
內道臣詳議設立勢不得不陸運草束以助海運之

不及斯目前之策也仍即速差司官一員于淮上查
東征舊例動户兵工三部銀共一十三萬五千兩應
為酌議督造淮船近登州道呈稱文登縣主簿徐弘
諫所造淮船每隻只用價銀百兩餘亦稱其省便又
聞沙船東征時曾雇用不惟運糧兼可禦侮則移其
值以雇之勒限報完一切事宜查照遼陽舊例舉行
預令沿海州縣將新派地畝盡納本色或量留漕糧
陸續發運蓋由淮達登舊有成山之險邇來登州屢
次雇船而來未有失事矣再行山東濟青登萊及薊
永河間近海州縣新舊遼餉俱納本色于南北二岸
分發海運其無舟地方議造議雇一如期限海運大
開從此可無憂餉矣此海運之策也大抵海運速而

險陸運穩而遲臣原言海者十之七陸者十之三茲地方諸臣既稱陸必難行何敢拘于原議已為悉籌海運之策若山東之增運天津之截運與淮船一一俱達何須於陸但海上風波不常適海盖道報登州船户陳彬漂損一船三百餘石誠恐萬一有失則陸雖不行亦不得不存此議以為備著也而臣又有四說焉航海入洋民間恂善者多不應募此輩利誘而來中藏奸偽則兩地各給單引腰牌以為稽察一也奴酋造船恐截運道沿海亡命實繁有徒海運大行凡淮揚登萊薊永之海防不減邊備今日海防不議異日必以海禁之開遺患者此當速議二也每歲漕運在江在河不無漂損況涉大洋乎係新派地畝之

糧無合幫輕齎可補一有漂損不准倉收何以計算
此文法當寬三也海運之舉不但用其力且用其命
凡士民有運糧若干石者計其脚價照事例之數每
百兩減其二十兩准令納官納監若文武官能運五
百石以上者文武官准紀録一千石以上者文武官
准作一正薦軍民給與冠帶數及五千石者文官准
陞一級武官准以守提實銜管事軍民量授一職臣
非敢越俎妄議第海運之險非藉
功令以為勸勵誰肯用命者是望吏兵二部之破格
主持覆行四也夫海運風波之變雇舟之擾陸運跋
涉之遠雇車之費以及民力之窮地方之敝此等情
景誰不知之然遠事至此無可奈何海不可行舟不

可雇陸又不可運此地既難彼地孰為易者惟有束手待竭耳事至今日非內外臣工救焚拯溺披髮纓冠同為共濟而止令臣一人之身以文移往復豈能行之及事誤而罷臣罪臣何濟於大計也臣智力短淺謬議若此願

皇上即下戶部與廷臣共議如臣策非也則急為改正以求其可行而無敝議之而為可行也則

勅下各處督撫諸臣督同司道有司一體施行事在淮上則徐淮司道任之事在山東則山東司道任之事在天津薊永者則各司道任之而督撫諸臣一體催督有司不奉法者會行叅處庶乎有濟否則仍如往昔之空言而已今日之遼左復以往昔之空言塞

之乎其臣前疏所議凡各司道盡加管理餉務職銜便臣責成沿海府州縣官內聽吏部外聽撫按以賢能詮調盡理財必先用人若用不得人即咫尺不可行況行之海上耶唐臣劉晏以辦集衆務在於得人其場院要劇之官必盡一時之選出納錢穀必委士類常言士名重於利故士多清修至今言理財者咸稱之斯往事之師得人為亟也遠兵一集無餉脱巾臣萬不能自貸臣議已定而各處不為奉行臣亦何以解惟仗

皇上之乾斷速賜允行于上耳奉

聖旨

二十五

欽差整飭登州海防總理海運兼管登萊兵巡屯田
道山東等處提刑按察司副使陶　為海運事照得
今年旱災異常米豆甚乏遼東多兵雲集望糧甚奢
本道日夜憂惶恨不能天雨之粟而鬼輸之糧節經
檄行有司一面設法收積候明春解凍即行轉運一
面嚴禁奸商越境販出致價騰湧去後各屬作何奉
行寂無一字報聞今訪有寧海州土商蔡應選有豆
一千二百石在朗朗口候南商到口欲圖潛行私販
孫朝仲于東各有豆五百石在家私自頓匿不行報
官又訪有文登縣南商吳國輔私糴豆八百五十石
尚未上載李才廣私糴豆五百石見寄畢從友家內
宋樂田私收豆一千餘石分寄各村疃內牟子成私

收豆八百石寄田守基家畢光里有豆三房封鎖不
報又有姓張店内私受成山客人寄囤二間亦不報
官又有于良巧王習貴于應第劉永平許禄宋留崔
寡婦各數十石不等俱寄貯高村靳尚卿張儀李才
曲崐等家又有丁顯爵執登州府換船手本一個捏
作執照廣行糴豆約有三千餘石亦在高村寄囤又
訪有萊陽縣穴坊庄南商項順收豆一十三房約有
一萬二千餘石見囤店家李躍龍家欲圖於鄧家口
上載潛行脫去其船二隻一舵工楊褱一舵工倪二
本商乃妄執張國柱過遼舊票一張誑稱係本道許
其南販尤為可恨又有王詔糴豆四千趙相明有豆
三千項萬漢有豆三千沈小山有豆一千六百俱圖

南販匿不報官又有生員孫耀庚去年三月曾給執照一張許其為父治喪往南買豆一次乃久不繳照往來興販行同首鼠已經販過三次難容漏網并應追繳見今尚在行村積豆如山又訪有即墨縣金家口白泉庄土南等商王五律私囤豆七百石毛鳳山私囤豆五百石葛龍私囤豆六百石俱尚未上船俱希圖南販又有吳國輔雇韓禮大船一隻裝過一千三百石將欲即刻開洋亟應追拿又有地方李文揚者豪霸一方廣招私商打點衙門通同淮商日夜興販莫敢誰何見有項心源投託其家收糴無算又有于張二姓南商二十餘人四路收糴俱積其家亟應拿問又該縣女姑口南商金元糴豆五百六十石李

廣才糴豆三百八十石姓卞姓鮑兩商各糴豆二百
石俱在海口尚未上船除南商被誘而來姑不深究
内項順蔡應選去年犯過曾經申飭仍前不遵法度
今又違犯與各地方主家敢於欺官罔上興販騰價
有妨運務難以輕縱合行拿究申飭為此
一案仰登州府　案仰本府官吏照案事理即
將盜海州土商蔡應選孫朝仲于東文登縣
南商吴國輔李才廣宋樂田年子成并畢從
友田守基畢光里姓張店主于良巧王習貴
于應第劉永平許祿宋留崔寡婦靳尚卿張
儀李才曲崐丁顧爵成山客人萊陽縣項順
李躍龍楊褱偲二張國柱王詔趙相明項萬

漢沈小山孫糴庚及各寄囤商豆主家並各
該管地方通拘到官嚴加究鞫查照各犯情
由應收糴者應封雇者行令各該州縣糴買
封雇應追繳者火速追繳應釋放者釋放取
具妥確招由解道覆審毋得枉縱未便
一案仰萊州府　案仰本府官吏照案事理即
將即墨縣王五律毛鳳山葛龍吴國輔韓禮
李文揚項心源于商人張商人並南商二十
餘人金元李廣才卞商人鮑商人及各寄囤
商豆主家並各該管地方通拘到官嚴加究
鞫查照各犯情由應收糴應封雇者行令該
縣收糴封雇應釋放者釋放取具妥確招由

解道覆審毋得枉縱未便

一案仰寕海州

一案仰文登縣

一案仰萊陽縣

一案仰即墨縣

一案仰濟南青州府　除通行登萊兩府及各該州縣嚴拿究解外案仰本府官吏照案事理即查該府所屬恐類此者甚多糧價安得不騰而收糴安望湊集哉嚴行各屬如民間積有米豆即應盡數賣之於官官即用平價兩平收買毋得虧累如有本地奸猾招誘南商及土商私糴興販者逮即究解仍諭所屬不時

體訪勿得怠忽如該州縣派有定數而運不
及額年終甄别責有所歸各具遵依緣由經
報本道查攷毋得故違未便
萬歷四十七年七月二十三日
二十六
山東等處提刑按察司整飭登州海防總理海運兼
管登萊兵巡屯田道副使陶　為仰遵
明旨酌議海運事宜懇乞
聖明俯賜採擇以安內地以重軍需事萬歷四十七
年七月十五日蒙
欽差巡撫山東等處地方督理營田提督軍務都察
院右副都御史王　批據本道呈詳前事蒙批海運

苦於無船准船重大難行遠船簡便省費舍彼就此
倘源源可繼不憂渡海之艱矣准照數動支民屯及
大曠銀專委徐應龍押同匡廷佐前去監工成造勒
限駕回裝運該道移行海蓋道嚴飭官匠督成以濟
運務仍候移咨
遼院知會繳蒙此本月十六日又蒙
本院批據本道呈同前事蒙批此文業已批行併咨
遼院矣仰照前批行繳蒙此本日又蒙
巡按山東監察御史陳　批據本道呈同前事蒙批
准照
督餉部院詳示行繳蒙此案照本年五月初四日先
蒙

欽差專督遼餉戶部右侍郎兼都察院右僉都御史
李批據本道呈詳前事蒙批依議照數動支銀兩
委官押同匡廷佐前往打造依限報完駕回裝運嚴
禁草率虛冒有功之日如式多造另議獎賞餘俱如
議仍候通示行繳蒙此依蒙責差萊州府平度州
州同徐應龍押同匡廷佐齎領銀兩前赴遼東買辦
物料招募匠役成造船隻回登裝運去後續據徐應
龍禀稱蒙委齎銀過遼成造船隻卑職因遼地衛官
推調只得自行招募二十餘日招得陳王匡三人六
月十八日嚴守備到任另招二十三日黃同知亦出
票適值夷奴尅破開原慾志難盈尚思鐵嶺瀋陽又
兼西虜乘機挾賞沿途刼掠往來最艱祇有廣寧至

大凌河皆是夷人木植來做馬市現今停止先議塔山右同衛近海可造又與西虜相隔十餘里遼東司道見勢危迫命卑職暫停職恐遲誤餉期隨齎執原銀回繳到道據此本日即據把總傅與寍稟稱目今運糧之船打造便於雇募而塘頭船尤便於遠船竊思所造遠船每隻費經八九十兩所載不滿二百餘石更加水手工價飯米較於雇船費畧相當且奴酋蕩平此船置之高閣即變價亦必不能如數矣計造塘頭船運糧實為省便今將脚價銀兩借作造船之本載過糧石扣筭除還價完之日船隻歸民在官實為不費於民深屬便宜每塘頭船一隻議給價銀一百兩船隻俱要寬大堅固限以每隻載糧五百為率

毋容窄小不堪查得樂安壽光濱州利津海豐霑化
蒲臺等處得共造船六十餘隻共該價銀六千餘兩
分給各該船户俱係殷實不妨支領前往天津地方
措買杉桅并篷錨篙楫等項損具與工定艕再給一
半工完找足防其情緩延推伏乞每船先給價銀五
十兩庶便着各船户支領趁時辦料等情到道據此
為照海運遼糧每苦於舟楫之不敷前議赴遠成造
已蒙詳允委官齎銀往彼造用緣奴勢披猖不惟遠
人奔逃不應雇募抑且市場停罷物料難尋欲行暫
止以俟聲息稍寧而遼左需糧甚急運船又時刻難
緩乃把總傅與寧者前因委往各處封雇商船灼知
塘頭船隻堪以海運天津地方多蓄材料可供買造

故建此議以濟運務舉報樂安船户董迪春等壽光船户王煥等濱州船户張東生等海豐船户劉才艾等霑化船户李士化等利津船户李仰山等共造船六十四隻計每船價銀一百兩共該銀六千四百兩每船先給銀一半置辦物料候工有次第陸續找給又每船以載糧五百石為率扣除脚價二次可抵借本扣完船歸于民又省一番變價官不費而事不煩民不擾而利不失誠兩便之術也合候呈詳允日將原發徐應龍銀一千五百七十二兩二錢即付本官再動民屯大曠銀四千八百二十七兩八錢共足六千四百兩俱付與傅與寧先領一半三千二百兩散給各船户置造船隻就令本官董工監造勒限造完

以濟運務庶錢糧不虚費而軍興有實濟矣緣係請
動銀兩成造船隻事理本道未敢擅專擬合呈詳爲
此今將前項緣由理合具呈伏乞
照詳施行
一呈督餉部院
一呈撫按兩院
萬歷四十七年七月二十五日
二十七
山東等處提刑按察司整飭登州海防總理海運兼
管登萊兵巡屯田道副使陶　爲災傷踵告海運難
支懇乞亟
題減運以安邊腹兩地事據登州府呈萬歷四十七

年七月十三等日蒙本道批據招遠縣申稱據本縣四十八社鄉民王應祖等告稱本縣偏疲小里地瘦民貧商賈不通賴農辦課養生四十三年遭荒民死大半瘡痍未起自今入夏以來亢旱不雨黍穀皆枯豆田禾種不惟錢糧難辦抑且糊口無資老稚嗷嗷日夜隱憂等情到縣據此本縣隨單騎減從親詣各鄉查勘得境内自夏徂秋亢陽不雨天問彌遠地脈盡枯青山之木皆蒼赤火之烘不夜東南稍有微潤生機不勝殺機西北且無密雲愛日總成畏日高崗黍秫望之與石色同丹沃壤禾苗病矣與秋容俱老一粒可無成熟何以全四十八社之生千家止有凋殘何以納一萬餘金之賦蜺龍力少不能捲東海之

波涸鮒心焦誰與汲西江之水貧者勞於飛輓身似
飄蓬富者竭其倉箱室如懸罄況小邑之存留既約
一空於洛口之輸倘上皇之震怒未舒難免乎脫巾
之禍卑職倉皇入境已不堪遮道流離及此時展轉
救荒亦莫克攄心圖畫既受牛羊之牧忍聞鴻雁之
哀傷哉士女之悲甚矣東年之慘骨肉痛喪亡之有
日室家驚聚散之無何撫此彈丸憂深漆室稽首請
光明之燭議賑議蠲叩心望陰雨之膏由饑由溺以
固邦本以杜亂萌不獨甦下國之彫瘵實以補上天
之造化等因具申照詳蒙批登地旱暵惟黃縣為最
苦招遠接壤黃邑尚偏雨兩次而據報赤燬若此民
將以何為命但四十八社未必其全槁也仰府速委

官踏勘冊報以憑酌議蠲恤緣蒙此又蒙本道批據黃縣申據本縣呂家口社民王惟基等告稱本縣前此連遭異常凶荒逃亡過半幸得二載豐稔民生稍蘇不意天災流行自春至秋久旱不雨春禾立槁晚田盡枯民大失望老稚悲啼不惟糊口無資抑且賦稅難辦目今運遠米豆急如星火百姓驚慌恐運後復米豆無出不走南則走北耳伏乞踏勘虛實懇賜轉申蠲恤暫停海運以解倒懸連名具告到縣據此看得本縣地狹民稠小民居常專以紡織為生每苦本色之難前已具申願納折色頃自春徂夏雨澤愆期本縣躬率僚屬虔誠步禱已於五月二十二日微得微雨二麥頗收不意入秋以來復爾亢旱太甚其

春禾穀秫苗而未秀秀而未實至於穇豆蕎麥等禾幼萌者未達甲拆者盡枯一望四野蕭條滿目本縣隨督同佐領躬親踏勘得四十八社地方正北近海下濕偏得微雨頗有秋成之望西南臨山砂薄盡皆赤地全無一粒之收至東南東北約有二三分之穫耳通融計算此地災傷共有十分之七等因具申蒙批據稱該縣被災有十分之七民真不堪命矣仰府速踏勘酌議以憑轉報海運需糧甚急一邑全罷應否可從併議報繳蒙此又蒙本道批據蓬萊縣申據本縣赤山等社里老趙進卿等揭稱各社久不落雨黍穀豆田盡行旱死雖於七月初八日落雨二寸二分禾苗難以甦生懇乞申報據此為照禾田原藉雨

以滋生溯自入夏以來雨澤愆期今值炎暑亢陽肆
虐黍穀豆田有枯槁而未秀者有秀而未實者今於
本月初八日稍獲濛濛之澤尚未霑足即今霑足已
枯之禾難以挺秀合無俯念黔黎之衆值此亢旱之
災乞爲轉達等因具申蒙批登屬苦旱久矣被災州
邑自招黃而外莫甚於蓬萊據申亟應踏勘以便轉
詳但被災州邑不止於蓬黃招也仰府通查報奪蒙
此又蒙本道批據文登縣申稱據本縣儒學廩增附
生員李天篤等呈稱文登三面環海方二百里爲登
萊備倭之門户本年春旱二麥不收奸民逃避征輸
或入巉巖深谷或爲背井離鄉屢蒙撫招不止不意
皇天復降大虐以感之自六月不雨以至於今將四

十日豆苗槁死諸禾萎黃七月初四日禱至初八日
颶風暴雨天地晦冥自朝至暮聲如雷吼斷牌坊之
石柱如摧枯折合抱之樹木如拉朽至於飄瓦壞垣
尤不可勝數穀黍穇秫刮無餘粒大小二豆操無餘
苗致使小民四野之聲不絕逃竄之念益堅伏乞飛
遞異災早蒙軫恤俾晝夜慮死之民有所盼望而全
軀念土之士亦得保守丘墳矣等情行間又據閩縣
鄉民劉必明等稟稱本縣三春不雨二麥無收入夏
以來亢旱異常大河流竭諸禾焦枯民心驚惶不意
七月初八日卯時陰雲四合霖雨霏霏約至辰時大
雨如注狂風忽作石柱牌坊被風刮倒官民殿舍瓦
草橫風揚砂走石萬倍大家小戶晝夜號泣已知死

期在目前不知何處是屍所哀聲震天哭徧四野萬
姓蟻命懸絲惟只束手待斃伏乞軫念民隱垂憐疊
患俯賜踏勘轉達拯救民生等情呈稟到縣據此照
得文登三春少雨二麥不收嗣後二三場小雨稻穇
穀林及二豆苗頗可觀不意入夏以來自六月初一
日雨更少卑縣自萊陽交代而返諸禾雖覺旱猶望
庶幾早晚一雨以冀昭蘇不謂一月全無雨澤也卑
縣自攝事以來東奔西馳錢穀未得耑此久數甚多
萊陽田十九日始得一比乃迎仙六里里長如盧守
祖林龐修林世著林世祥其人者慣於侵抗錢糧收
糧在手藉口逃糧太多新增遠餉為名遂泥門逃走
而花戶見里長之逃也恐其拘應里長且錢糧無著

落各相率而潛匿卑縣一面委縣丞王問先踏丈荒地許除荒糧以安其心卑縣隨即親詣該里一以觀踏丈之虛實一以觀潛匿之景象一以觀禾稼之旱傷入其野蓬蒿滿目太半不萩間有一二碩秀率乾燥糠粃其晚稻穇及晚豆生意皆索然也入其鄉里之人泥門塞戶糧畜别藏雞犬尚在大率晝藏山林之中夜歸室家之内無論小戶即巨室亦皆如此閭巷蕭然若遷移也意欲捕捉恐其愈驚不得已用溫言招撫其生員里長有承認招撫者卑縣朝而出暮而返夜半而歸愀然大為不樂無何雲光一里里長段才興又報逃矣溫泉都朝陽都又報逃矣卑縣將各都荒糧俱當面盡數暫除許俟踏完申文開除有

招之而返者如林隴修等四人是也有招之而不返者如段才與父子是也近已緝至棲霞捉回其家屬覊候一面著伊急親招致此時青苗在地尚自如此秋後收倉入囤又當何如哉日來旱甚士民各先進旱災呈狀到縣卑縣七月初四日布壇於文山之左竭誠親禱不意初八日辰時風雨驟至萬竅怒號聲吼如雷屋瓦盡飛庭樹摧拔塞滿踊道幾不能行中時方住無何而倉房監墻申明亭倒塌矣城樓城埤報倒三十六工矣鄉城民房倒塌掀揭不計數盜海蔡應選雇來淮船亦報損壞逮雨歇卑縣即環城及諸四鄉十里迤外親看禾則盡偃傷損實多及委佐領四散踏看回稱亦復如是是從來所未有之變也

由前而觀則旱之所傷者什三由後而觀則風之所傷者什四合三與四約有七分傷災而民間之所遺者亦無幾矣士民皆遮道號泣卑縣亦相對慘然莫知為計竊思東方當大祲之後生理纔復海運值新開之時須餉甚急而一旦遭此大變也盖有外懼不勝其內憂者矣皆卑縣奉職無狀所致除一面痛自刻責修省外等因並據該縣中為祈禱雨澤事備言風雨驟至飄瓦拔樹損禾情由蒙批登屬終歲苦旱禱而得雨又以驟至狂風諸禾盡偃則風雨又繼旱而為之災矣嗟我孑遺何不幸至此見今查議近海州邑悉收本色如此旱潦相仍將何本色可收也仰府速查勘報蒙此又蒙本道批據萊陽縣申稱本年

五月初九日准本縣主簿王山玉牒據迎仙鄉陶獐社里老陳應科等稟稱本月初三日未時遭猛風暴雨平地氷雹三尺二麥俱被打爛田禾盡皆白地全無所望錢糧何辨懇乞親詣踏驗轉申等情到職惟恐不的親詣被災處所離城十五里往東南地方陶獐社寨口三村城陽五村逐查委被氷雹將熟二麥盡被打爛佈種青苗概成白地據年老鄉民泣稱自幼至今未罹此災等情備牒到縣准此申詳本道蒙批東牟方苦久旱而萊陽又報雨雹何年不順成之若此也第雹與霪霖不同雨時傷禾不過徑行一路耳非徧地也仰府查報蒙此又據寧海州申稱據本州各坊社劉朝佐鄭登張鵬翰等連名申稱四十三

年大旱禾苗枯槁秋成無望民死過半轉稔甫及三
載尚未全甦今又遇亢旱自春至夏絶無犂雨小麥
粃瘦不收穀稻雜苗盡枯佐等日夜驚惶不惟糊口
難支抑且錢糧無辦遭此災罹民難存生懇乞憐苦
亟救災危保全生命轉達上告等情到州據此查得
本州四十三四兩年連歲大祲概州人民逃亡過半
幸於四十五六年頗收人心稍安今自立夏以來絶
無點雨小麥粃瘦穀豆雜苗盡行枯槁親詣阡陌目
不忍覩秋成失望究若四十三年之景象不惟明春
之糊口無資而今歲之人心已動本州當蒞任之初
遭此大旱且不知為東人計矣除朝夕反躬自咎以
身請禱外等因具申到府據此又據棲霞縣申稱據

本縣四十六社里長趙思齊等告稱本縣地方砂山田皆磽确旱則易枯澇則立仆前遇大荒民傷太半後雖薄收元氣未復自今春亢旱二麥僅獲十分之四黍穀吐秀之際又值氷雹幾處雖已被災未敢輕陳孰料五月二十日以後亢旱至今點雨未落致將稻穇含胎未吐黍穀雖秀旱傷無粒惟賴豆田蕎麥棉花無論成苗未出遍野盡皆焦枯目今縱雨僅活二三萬姓嗷嗷坐以待斃告乞轉申以垂下命等情具告到縣據此又據本縣闔學生員郝守標等呈稱本縣彈丸小邑四圍皆山地多砂石旱澇易侵方春無雨二麥既已無收今豆雖種亢旱尤為太甚自五月迄今點雨未霑黍穀已秀未秀盡皆焦枯豆田已

出未出均為赤地往歲曾旱但在春末夏初尚有秋田可望目今異旱值夏末秋初諸禾皆槁秋收絕望此等亢旱世不常見士民驚慌老幼寒心咸恐展轉溝壑就食他地諺云秋旱離鄉正今日之謂也呈乞查勘轉申以俟蠲恤等情呈縣猶恐不的卑職督率典史親詣各鄉村踏勘得災傷與前所告呈無異事屬異常民不堪命合宜申請轉達緣由到府又據福山縣申稱頗得微雨亦屬霑足不為重災相應免議本府據此除奉文一面委官踏勘完日類詳外為照本府八屬除福山縣雨稍霑足未至大荒外若寧海蓬萊黃縣棲霞招遠萊陽文登自夏及秋亢暘肆虐旱魃為災春種者秀而不實秋種者生而不秀甚有

晚豆未播種者始生苗立槁者而盜文吏遇異風霆雨拔木傷禾萊陽氷雹落地三尺二麥一時糜爛此非獨災也且災而異矣以故士女失三農之望而號泣遍郊原里排懼催徵之苦而逃移幾村社觸目者酸鼻驚耳者痛心事關民瘼理宜報聞除申呈

兩院司道外理合通詳緣由到道據此該本道看得登郡大祲之後傷殘凋敝未復其初近年雖稍有收而海運糧至二十餘萬業舉數年之積而為一歲之輸十室九空公私俱匱矣今

部文又將以三十萬為定額而遼左且視登萊為不涸之倉即陳陳相因且不能供而今則天降旱災延袤千里無地不荒無苗不槁兩郡俱稱焦釜而報到

先有登州覩茲景象是逃亡之接踵無異於遼左兵
燹之餘將來之啼饑亦不下於遼左庚癸之呼也此
即自為粒食計亦孔之艱矣乃遼海兵糧仍責運於
登萊不幾緣木求魚耶若不預為斟酌別求變通猶
執昨年成熟之議而惟遼糧之是徵是望恐饑饉洊
臻民窮盜起地方將來之變故且在蕭墻之內而何
暇為遼人供億計也職先於五月二十日有東方大
旱無禾遼餉難拘成額一詳已經呈請減運今目擊
災荒敢再補牘除災傷分數豁䘏事宜會同守道另
行詳奪此係運餉重務事關軍
國亟宜早計本道未敢擅專擬合呈詳為此今將前
項緣由理合具呈伏乞

照詳施行

一呈　督餉部院

一呈　撫按兩院

萬曆四十七年七月二十六日

二十八

山東等處提刑按察司整飭登州海防總理海運兼管登萊兵巡屯田道副使陶　為那運本色以濟急需事據青州府呈萬曆四十七年七月二十三日蒙本道批據本府申本年六月十五日蒙

山東等處承宣布政使司信牌抄蒙

欽差專督遼餉戶部右侍郎兼都察院右僉都御史李　憲牌仰府即將該府所屬州縣派有遼鎮銀兩

文到該府分頭差人守催完足收貯府庫聽候詳請允日海運施行該府具收完過銀數報司查考蒙此查得府屬益都等一十四州縣新增餉銀三萬八千四百三兩一錢四分零除先已完銀一萬兩委差臨淄縣主簿段文炳於萬歷四十七年四月初二日解司轉解訖後完銀二萬二千四百三十兩七錢四分零見貯庫例應請詳合候申允遵將前銀解赴登州就近便買其未完銀五千九百七十二兩四錢零見今嚴催各屬解到另文申報等因具申照詳蒙批新餉銀兩近議全充海運且續奉
餉臺那運本色一行將該府應納錢糧盡改本色則所留運之銀更不止於遼鎮銀矣但來文原有沿海

州縣俱運赴登州轉運是責在州縣設法徵糴貯糧
備船運赴登州非謂將銀解赴登州令登州代糴也
該府還徑詳登州道行繳蒙此案照先蒙整飭登州
海防總理海運兼管登萊兵巡屯田带管分守海右
道山東按察司副使陶　紙牌仰府即將該府屬續
解到新派遼餉銀九千六百五十一兩零并將未完
銀一萬八千七百五十一兩零嚴限催完不必委官
類解聽候登州道詳請作為海運支用遵照明文施
行蒙此查得益都等一十四州縣新增餉銀三萬八
千四百三兩一錢零除先完銀一萬兩委差臨淄縣
主簿段文炳解赴
布政司轉解訖續據莒州等州縣解到銀二萬二千

四百三十兩七錢零遵行解府貯庫或將前銀分發
近海州縣糴買或闗解登州府就近糴運乞請明示
以便遵守其未完銀五千九百七十二兩四錢零見
令嚴催各屬徵解另文申報庶餉銀不致遲誤軍需
亦得濟急等因緣由具呈到道據此該本道批查看
得登萊兩府今歲一年已運盡兩年遠銀而又借各
項起存銀以收糴續運見候扣留濟青兩府新加遠
鎮補還據呈該府本年之銀尚不足還登萊已運之
數無米之炊誠難之矣但味
餉臺那運本色之文是不拘是否遠鎮俱且那為運
資不拘某州邑錢糧俱當發近海州縣徵糴也該府
見有樂壽諸日等縣近海即當分發遠銀及時糴買

徵收速於海口發運若云將銀解至登州恐彈丸黑
子之地赤旱無禾之時自救不暇不能代青屬而料
理也至於運餉須船押運須官俱當一一講求者該
府近海雖止於四邑而遠銀應出之數不下於登州
一郡轉盼秋成便宜徵糴倏忽交春又思發運事豫
則立凡一應運餉事宜亟速舉行報繳除批行青州
府查照舉行外擬合移會為此合關前去
貴道煩為查照知會轉行所屬運餉府州縣亟速舉
行請勿遲滯

一關濟南青州兵巡道

一手本濟南萊州分守道

一案行濟南府

萬歷四十七年七月二十七日

二十九

欽差整飭登州海防總理海運兼管登萊兵巡屯田
道山東等處提刑按察司副使陶　為赴邊甚急望
闕漸遥再瀝愚忱仰祈
聖鑒事照得近奉
督餉部院明文并題奉
新旨濟南青州近海州縣收納本色轉運濟所有緊
要事宜合行查議為此牌仰本府官吏照牌事理文
到即將單開徵運本色事宜逐項議妥列欵造册呈
道以憑酌議轉詳施行毋得遲錯未便須至牌者

計開

一議運本色查該府所屬内除某州縣離海窵
遠免運外其餘近海州縣幾處每處每年原
額遠鎮銀若干新加遠鎮銀若干通共銀若
干照依時價計算米每石值銀若干豆每石
值銀若干以十分爲率照征倭例八分運米
二分運豆共該米若干石豆若干石
一船隻一項運餉之所必須而在東省最爲難
得登萊打造雇募業有成效矣該府應作何
計議又登萊船隻半係該府所屬海口雇用
者今各海口有船若干先造册報
一議水價銀兩要見某州縣自某海口裝糧開
船至蓋州套交卸除鋪墊神福照登萊一體

不必再議外其價每石應給銀若干速議確

報

一議督催押運官員該府設立千總或一員或二員總司運事把總隨時增減勿拘員數取其分押快便也廩丁作何議給看糧夫作何召募一併員役職名造報

一每糧船一隻刻給長單一紙開載本船裝糧數目并運官船役姓名及本船雇價以便到遠交卸查考

一議稽防凡糧船發行開洋之日應委何項官員親詣海口嚴查各船不許夾帶禁物及稍販子女勾引逃犯等弊

一查州縣各倉貯粟穀總數若干內應借動若干碾米若干以濟遠運

一原議近海州縣徵收糴買各隨其便今該府近海州縣或用徵收或用糴買何者為宜速議詳報

一發去海路冊海運書濟南青州各七六部分發運糧州縣及管運務府佐觀覽俾知運餉規條顛末

一牌行濟南青州府

萬曆四十七年七月二十七日

海運摘鈔卷二